Wolfgang Horst Reuther

Wie ich den Nahen Osten erlebte

Erkenntnisse aus Erfahrungen vor Ort

www.tredition.de

Verlag und Druck:
tredition GmbH
Halenreie 40-44
22359 Hamburg

978-3-7469-7056-1 (Hardcover)
978-3-7469-7055-4 (Paperback)
978-3-7469-7057-8 (e-Book)

Bibliografische Information der Deutschen Nationalbibliothek:
Die Deutsche Nationalbibliothek verzeichnet diese Publikation in der Deutschen Nationalbibliografie; detaillierte bibliografische Daten sind im Internet über http://dnb.d-nb.de abrufbar.

www.tredition.de

Inhaltsverzeichnis

Vorwort

Den ersten Anstoß, ein solches Buch zu schreiben, gab mir eine Psychologin, der ich von den Erfahrungen aus meiner Tätigkeit in sehr unterschiedlichen Regionen dieser Welt berichtet hatte. Es sollte eigentlich »Arbeiten in fremden Regionen« heißen. Auf meinen Einwand, dass solche Berichte heutzutage als »politisch unkorrekt« bezeichnet werden könnten, meinte sie, dass die Authentizität der eigenen Erfahrung schwerer wiege als vorgefasste Meinungen oder gar Ideologien. Trotzdem habe ich aus dem genannten Grund lange gezögert.

Nachdem jedoch ab 2015 sehr zahlreich Asylbewerber aus dem Nahen Osten, Nordafrika und weiteren muslimisch geprägten Regionen nach Deutschland und Österreich kamen und sehr viel Unsicherheit im Umgang mit ihnen zu Tage trat, schien es mir angemessen und nützlich, über meine Erfahrungen in deren Herkunftsländern zu berichten. Ich hoffe, dazu beizutragen, diese Menschen besser zu verstehen und ihre Verhaltensweisen sowie auch die damit verbundenen Probleme besser vorauszusehen, einzuschätzen und zu begreifen.

Ich möchte vorausschicken, dass ich mich über viele Jahre als Angestellter einer internationalen Organisation der Vereinten Nationen intensiv und voller Leidenschaft für Verständigung und Zusammenarbeit unter den Menschen und Völkern eingesetzt habe. Dabei habe ich mein ganzes Leben lang tagtäglich mit Menschen aus anderen Ländern und Kulturkreisen nicht nur debattiert, sondern mit ihnen zusammengelebt und -gearbeitet. Das ist nur dann möglich, wenn man den Anderen und den Andersdenkenden respektiert und akzeptiert und dies auch selbst erfährt. Hinzu kommt, dass sowohl meine eigene Familie als auch die meiner Tochter international und interkulturell zusammengesetzt sind. Ich habe bis heute Freunde und gute Bekannte in nahezu allen Weltregionen, darunter auch im arabischen Raum.

Als ich in den 90er-Jahren noch für die Deutsche UNESCO-Kommission arbeitete, habe ich mich speziell dem Thema »Zusammenleben in kultureller Vielfalt« gewidmet und – gerade angesichts der damals begangenen ausländerfeindlichen Anschläge in Deutschland (Stichwort: »Mölln«) – spezielle Projekte auf die Beine gestellt, die helfen sollten, das Phänomen kultureller Vielfalt besser zu verstehen und Möglichkeiten aufzuzeigen, diese bewusst zu gestalten. 1996 habe ich deutsch-israelisch-palästinensische Lehrer-Schüler-Seminare initiiert, die ab 1997 stattfanden und die mir sehr hohe Anerkennung von allen Seiten eingebracht haben.

Ich selbst war zu jener Zeit ein überzeugter Vertreter von »Multikulti« sowie nahezu grenzenloser Toleranz und glaubte, dass die Welt und das Leben jedes einzelnen Menschen damit verbessert werden könnten. Allerdings irritierte mich bereits damals die in meinem erweiterten Arbeitsumfeld verbreitete These, wonach jeder beliebige »Ausländer« besser sei als jeder einzelne Deutsche. Für mich widerspricht dies fundamental dem Grundsatz der Gleichheit der Würde aller Menschen, ist diskriminierend und zudem purer Unsinn.

Meine Versetzung als internationaler Funktionär der UNESCO in Paris in ein Land des Nahen Ostens, nämlich Jordanien, im Mai 2003 wurde dann zu einer Zäsur in meinem Leben. Ich wunderte mich noch über die Aussage eines italienischen Freundes kurz vor meiner Abreise. Er teilte mir nämlich erst zu diesem Zeitpunkt mit, dass er ebenfalls drei Jahre im Nahen Osten verbracht habe. Als ich ihn verblüfft fragte, weshalb er dies in den Jahren unserer Bekanntschaft nie erwähnt habe, meinte er: »Ich habe für mich diesbezüglich ein Prinzip entwickelt, nämlich darüber nur mit Leuten zu sprechen, die selbst einige Jahre in der Region gearbeitet und gelebt haben.« Seine Erfahrung sei, dass man im besten Fall völliges Unverständnis, zumeist jedoch den Vorwurf des Rassismus ernte, sobald man sich gegenüber Menschen in Europa, die keine eigenen konkreten Lebenserfahrungen in dieser Region besitzen, wahrheitsgemäß und authentisch über diese Region äußere.

Ich konnte das nicht nachvollziehen, da ich ihn aus jahrelanger Bekanntschaft, wenn nicht Freundschaft, als kultivierten, toleranten und weltoffenen Menschen kannte. Ich erinnerte mich jedoch seiner Worte schon kurz nach meiner Ankunft vor Ort. In Amman übernahm ich die Leitung des UNESCO-Büros, das internationale Mitarbeiter von Papua-Neuguinea bis Belgien beschäftigte, vor allem jedoch eine größere Zahl lokalen Personals, sowohl arabische Muslime als auch arabische Christen, darunter auch Palästinenser beider Religionen.

Trotz meiner langjährigen Erfahrung im Umgang mit multikulturell und multinational zusammengesetzten Teams, musste ich schnell erkennen, dass ich in einer völlig neuen Welt angekommen war und dass nahezu alle meine bisherigen Erfahrungen und ein wichtiger Teil meiner Überzeugungen hier in gewisser Weise wertlos waren oder infrage gestellt werden mussten. Man hatte mich diesbezüglich unvorbereitet dorthin gesandt und nun musste ich in der täglichen Praxis mühsam herausfinden, wie diese Welt funktionierte und wie ich damit umgehen sollte. Dazu gehörte auch die Erkenntnis, das es Gedankengänge und Verhaltensweisen gibt, die ich nicht nur für unmöglich gehalten hatte, sondern die auch völlig außerhalb meiner eigenen, von meinen deutschen und europäischen Wurzeln bestimmten Vorstellungswelt, Denkweise und Logik standen.

In einem schmerzhaften Prozess musste ich nun oft gegen meine inneren Überzeugungen ankämpfen und handeln. Ich musste erkennen, dass es eine Logik und Denkweise gibt, die sich grundsätzlich von der unterscheidet, in der ich bisher aufgewachsen war, gearbeitet und gelebt hatte, die sich im Wesentlichen auf den europäischen Raum beschränkte und die ich auch während mehrjähriger Aufenthalte in Frankreich und Russland bestätigt fand.

Ich habe es geschafft – wenn auch nur mit großer Mühe –, viele Besonderheiten im Denken und Verhalten der Menschen sowie der Gesellschaften, in denen sie dort leben, zu erkennen und hinter die Fassade zu schauen. Zudem hatte ich viele Debatten mit ausgewiesenen Kennern dieser Region aus aller Herren Länder, vor allem aber mit einem jungen Tataren, selbst Muslim und des Arabischen absolut mächtig, mit jahrelangen Erfahrungen in der gesamten Region sowie mit unzähligen Kontakten auf alle Ebenen dieser Gesellschaften, die er in aufschlussreichen Publikationen verarbeitet hat. Dieser Mann war sogar von offiziellen Stellen der USA, zusammen mit anderen, vor dem Irakkrieg zu dessen möglichen Auswirkungen konsultiert worden. Er hatte dabei genau das vorausgesagt, was danach tatsächlich eintrat.[1]

Auf dieser Basis konnte ich letztendlich doch sehr erfolgreich arbeiten – erfolgreich im Sinne der nachweislichen Arbeitsergebnisse wie auch der Beziehungen zu meinen Mitarbeitern sowie gegenüber Regierungen und nicht staatlichen Akteuren der gesamten Region (neben Jordanien insbesondere Irak, Libanon, Syrien und die VAE betreffend). Das heißt jedoch nicht, dass ich alle in der Region vorherrschenden Denk- und Verhaltensweisen immer auch bis ins Letzte begreifen oder nachempfinden, geschweige denn innerlich akzeptieren oder gar verinnerlichen konnte – dann hätte ich nahezu alle meine bisherigen Werte, Überzeugungen und Erfahrungen über Bord werfen müssen.

Trotzdem bin ich den Menschen mit viel Aufgeschlossenheit und Interesse an ihren (aus meiner Sicht) gravierenden Besonderheiten begegnet, ohne meine eigenen Prinzipien, Werte und meine Unterschiedlichkeit zu leugnen. Ich habe versucht, herauszufinden und zu analysieren, weshalb sie sich so verhalten und welche historischen, gesellschaftlichen oder kulturellen Gründe dafür bestehen.

Wohl wegen dieses Herangehens wurde ich – und das war nicht selbstverständlich – von vielen Kollegen und Partnern aus der Region akzeptiert und geschätzt. Einige von ihnen haben mich sogar dazu ermuntert, auch weiterhin im Nahen Osten zu arbeiten. Nicht zuletzt hat mir die jordanische Königin Rania selbst in einem Schreiben zum Abschluss meiner Mission für meinen geleisteten Beitrag gedankt, eine eher seltene und durchaus nicht routinemäßige Geste, auf die ich bis heute stolz bin.

Auf jeden Fall ist mir in dieser Zeit sehr bewusst geworden, dass Toleranz einzig und allein auf Gegenseitigkeit beruhen und nur so auch im praktischen Leben bestehen kann. Wenn Toleranz nur einseitig gewährt und praktiziert wird, dann untergräbt und zerstört dies letztendlich das Fundament, auf dem sie selbst aufbaut. Gleichzeitig war es hilfreich, dass ich mich in meiner Arbeit stets auf die im Rahmen der Vereinten Nationen formulierten, universell anerkannten Normen und Werte berufen konnte.

Auf den folgenden Seiten werde ich ehrlich und ohne ideologische Scheuklappen von meinen Erfahrungen und darauf basierenden Einschätzungen berichten. In diesem Zusammenhang möchte ich von vornherein dem Argument begegnen, dass es diese oder jene Verhaltensweise oder Mentalität, von der ich berichte, ja auch bei uns gebe.

Meine Position dazu ist folgende: Es gibt bezüglich menschlicher Denk- und Verhaltensweisen alles und das überall. Den großen Unterschied macht es, in welchem Ausmaß diese Verhaltensweise oder Mentalität in einer Gesellschaft oder in einem Land vorkommt, ob sie die einer verschwindend kleinen Minderheit oder einer überwältigenden Mehrheit ist bzw. ob sie einen kritischen Punkt überschreitet oder nicht. Da ich auch in anderen Regionen, darunter in Lateinamerika gearbeitet habe, besitze ich auch gute Vergleichsmöglichkeiten, die diese Auffassung bestätigen. Das schließt gleichzeitig nicht aus, dass sich einzelne Menschen völlig anders verhalten können.

Im Übrigen wissen wir ja genau und akzeptieren, dass sich der Durchschnittsitaliener in seiner Alltagsmentalität vom Deutschen auffällig unterscheidet, wie auch der Grieche oder der Spanier. Diese Unterschiede sind nur allzu offensichtlich, bei gleichzeitig sehr zahlreichen allgemein menschlichen Übereinstimmungen. Eigenartigerweise werden solche Aussagen in Bezug auf Menschen aus den ärmeren Ländern dieser Erde oft strikt abgelehnt, wohl aus Gründen einer falsch verstandenen Tabuisierung oder angeblichen »politischen Korrektheit«. Das ist sicher nicht sehr konsequent. Nebenbei bemerkt ist es meine Erfahrung, dass der überwiegende Teil der Menschheit sich von der Mentalität her untereinander viel näher steht und nur die Deutschen und eventuell noch die Skandinavier sich relativ stark (und nicht unbedingt positiv) davon unterscheiden, u. a. durch eine extrem moralisierende und dazu missionarische Ader bei gleichzeitig überdimensionalen Selbstzweifeln. Eine eher gefährliche Mischung.

Oft hört man auch den Vorwurf der »Pauschalisierung«. Ich möchte dahingehend feststellen, dass jede Beschreibung eines gesellschaftlichen Systems und sogar eines Zustandes in der Natur – sei er biologischer, physikalischer oder chemischer Art – einer gewissen Verallgemeinerung bedarf, ansonsten ist eine rationale Kommunikation nicht mehr möglich. Für den gesunden Menschenverstand schließt das auch immer Abweichungen oder Ausnahmen ein. Nicht umsonst sagt ein deutsches Sprichwort, dass die Ausnahme die Regel bestätigt. Deshalb basiert auch diese Publikation auf gewissen Verallgemeinerungen.

In diesem Zusammenhang kann gesagt werden, dass sich die nachfolgenden Ausführungen über meine Erfahrungen und Erkenntnisse im Wesentlichen auf Jordanien und die Nahostregion beziehen, deren Länder sich in den meisten der für uns hier interessanten grundlegenden Charakteristika sehr ähneln. Sie treffen jedoch weitestgehend auch auf muslimisch geprägte Gesellschaften in Ländern außerhalb der Nahostregion zu, wie in Afghanistan, Pakistan, Bangladesch, Teilen Indiens, im ehemaligen sowjetischen Mittelasien, in weiten Teilen des Kaukasus (inklusive Tschetschenien), im Norden Afrikas, aber auch in Ländern Südeuropas wie Albanien oder dem Kosovo. Darüber hinaus sind sie – mit entsprechenden Nuancen – durchaus auch für viele nichtmuslimische, jedoch tribalistisch geprägte Länder, beispielsweise im mittleren und südlichen Afrika, charakteristisch. Der Grund hierfür wird aus den weiteren Ausführungen ersichtlich werden.

Die Ankunft eines Menschen aus Europa in der Nahostregion oder umgekehrt bedeutet – wegen der von mir genannten gravierenden Unterschiede in den Gesellschaften sowie in den Denk- und Verhaltensmustern – sowohl für die Ankommenden als auch für die Empfangenden einen riesigen Kulturschock. Dieses Buch hat seinen Zweck erreicht, wenn es dazu beitragen kann, jenen Menschen in Europa ein paar nützliche Kenntnisse und Erfahrungen über die Ursprungsländer der Migration zu vermitteln, die davon (so wie ich bei meiner Ankunft in Amman) keine oder nur sehr vage Vorstellungen haben.

Dies bedeutet nicht, dass damit alle Probleme gelöst wären und auf keinen Fall, dass man alle Verhaltensweisen und Denkweisen akzeptieren muss. Dies würde ja nur den bloßen Import der gesellschaftlichen Denk- und Verhaltensnormen der Herkunftsgesellschaften der Migranten bedeuten. Aber man erhält auf diese Weise mehr Sicherheit im Umgang miteinander, was zum Abbau von Irritationen im Alltag und zur Vermeidung der Eskalation von Konflikten oder auch zu deren Regelung beitragen kann. Wenn ich verstehe, weshalb der andere so agiert bzw. reagiert, kann ich mich besser auf ihn einstellen und ihm auch auf eine respektvolle und zweckmäßige Art verständlich machen, welche seiner Denk- und Verhaltensmuster hierzulande nicht akzeptabel sind oder zumindest auf Verwunderung oder Irritation stoßen und weshalb. Gleichzeitig kann ein besseres Verständnis für Gewohnheiten sowie Denk- und Handlungsweisen der Migranten auch zu besserer Akzeptanz derselben führen und sogar punktuell bereichernd sein, soweit sie nicht diametral im Widerspruch zu den Denk- und Verhaltensweisen in der Aufnahmegesellschaft stehen.

Ich würde mich freuen, wenn auch Politiker, Mitarbeiter der Justiz oder all jene, die beruflich oder durch ihr freiwilliges Engagement mit Migranten zu tun haben, aus diesen Ausführungen wichtige Informationen für ihre Arbeit entnehmen und entsprechende Konsequenzen ableiten könnten. Sicher kann das Buch auch für jene oft sehr idealistischen Menschen hilfreich sein, die vorhaben, in diesen Ländern zu arbeiten oder die den Menschen in diesen Ländern auf irgendeine Weise Unterstützung gewähren wollen.

Insofern ist dieses Buch für all jene gedacht, die die Hintergründe etwas besser verstehen beziehungsweise im Umgang mit Menschen aus dieser Region und weit darüber hinaus mehr Sicherheit erhalten möchten.

In der nachfolgenden Einleitung möchte ich begründen, weshalb die Besonderheiten im arabischen Raum und darüber hinaus vorrangig aus einer entwicklungshistorischen Perspektive und nur nachrangig aus einem religiösen oder kulturellen Blickwinkel betrachtet und analysiert werden sollten. Wem dies zu trocken oder zu lang erscheint, der kann sich auch gleich den danach folgenden Illustrationen konkreter Beobachtungen zuwenden, sollte aber bedenken, dass ihr Hintergrund weniger kulturellen oder religiösen, sondern vorrangig historischen Ursprungs ist.

Einleitung: Eine Betrachtung aus vorwiegend historischer Perspektive

Wenn man die Besonderheiten der Gesellschaften sowie viele Denk- und Verhaltensweisen im Nahen Osten und darüber hinaus besser verstehen will, muss man meines Erachtens in erster Linie historisch herangehen, eine historische Betrachtungsweise allen anderen Perspektiven voranstellen. Kulturelle und religiöse Faktoren spielen sicherlich auch – wie in allen Vergleichen von Gesellschaften oder Zivilisationen – eine bedeutende Rolle, aber sie sind meiner Meinung und Erfahrung nach in diesem Fall eher dem geschichtlichen und entwicklungshistorischen Hintergrund nachgeordnet.

Für mich besteht deshalb auch der grundlegende Mangel und Irrtum des öffentlichen Diskurses in Deutschland bzw. Westeuropa über den Nahen Osten (und über die von dort oder aus anderen islamisch geprägten Ländern stammenden Migranten) darin, dass er sich vorzugsweise auf religiöse und kulturelle Aspekte fokussiert (in Bezug auf das ehemals sowjetische Mittelasien und den Kaukasus zudem auch auf sowjetideologische Aspekte) und die entwicklungshistorischen Hintergründe vollkommen ausblendet. Zudem wird die gesamte Thematik oft stark ideologisiert, statt sie nüchtern zu analysieren.

Leider wird geschichtliches Verständnis, nämlich ein Ereignis im Rahmen des historischen Kontexts zu betrachten (entsprechend den Regeln der UNESCO vorzugsweise aus den unterschiedlichen Perspektiven der beteiligten Kräfte), vom heutigen Zeitgeist immer weniger gelehrt und geschätzt. Nur allzu oft wird die gesamte Geschichte statisch an den gegenwärtigen gesellschaftlichen Zuständen im Westen, die ja letztendlich auch nur Ergebnis einer historischen Entwicklung sind, oder an modischen ideologischen Vorgaben gemessen. Das führt auch dazu, den gegenwärtigen Zustand (im Westen) zu idealisieren und so als Ende der Geschichte zu betrachten. Ähnlich dachte im Übrigen auch der große Hegel in der Mitte des 19. Jahrhunderts, als er den preußischen Staat als *allgemeines Menschheitsideal und Endpunkt der gesellschaftlichen Entwicklung* ansah.

Tatsächlich kennt die Gesellschaft in Deutschland erst etwa 170 Jahre lang eine bürgerlich-demokratische Entwicklung, die sich mit vielen Irrwegen und nur langsam durchgesetzt hat. Bis in die 1970er-Jahre wurden in der alten Bundesrepublik (im Unterschied zur DDR) Ehen zwischen Katholiken und Protestanten als problematisch angesehen, waren getrennte Schulen und zumindest separate Toiletten für beide Konfessionen üblich und Frauen juristisch nicht vollständig geschäftsfähig. Noch zur Wiedervereinigung hat es die alte Bundesrepublik abgelehnt, eine liberalere Gesetzgebung für Homosexuelle, wie in der DDR praktiziert, zu akzeptieren. Deshalb hat es über vier Jahre lang zwei unterschiedliche Rechtsräume im wiedervereinigten Deutschland gegeben, bis schließlich eine Vereinheitlichung erfolgte. Umgekehrt stammen wesentliche Pfeiler unseres Wohlfahrtsstaates, wie die Renten- oder Krankenversicherung, aus einer Zeit, die heute nicht gerade als »progressiv« bezeichnet werden würde, deren Entstehen sich aber aus den historischen Umständen erklärt.

Nicht primär die historische Perspektive einzunehmen birgt nicht nur die Gefahr, dass man an den wahren Ursachen und Problemen des Andersseins vorbeidenkt, sondern auch, dass man den »Anderen« hierdurch noch weiter verfremdet und sich von ihm immer mehr abgrenzt, statt sich letztendlich der gemeinsamen allgemeinmenschlichen Grundlagen bewusst zu werden.

Diesen Fehler begehen übrigens gleichermaßen beide dominierenden Seiten des politischen Spektrums, des politischen Establishments und öffentlichen Diskurses: sowohl jene, die alles Fremde grundsätzlich ablehnen, als auch jene, die aus rein ideologischen Gründen alles Fremde von vornherein gutreden und damit, wenn auch eher indirekt, sogar noch das Trennende herausheben und das Gemeinsame verdecken. Aus beiden Ansätzen entstehen dann die bekannten parallelen Lebenswelten unter Einwanderern in den europäischen Ländern: entweder im Widerstand gegen jene, die die Einwanderer grundsätzlich ablehnen (innerer Zusammenschluss als Schutz) oder als Folge eines verabsolutierten multikulturellen Ansatzes und dem daraus abgeleiteten »generellen Recht« der Einwanderer, sich grundsätzlich von der Einwanderungsgesellschaft abzugrenzen (statt sich dieser anzupassen), indem man bewusst an allen aus der Auswanderungsgesellschaft mitgebrachten (und fälschlicherweise als »kulturelle Identität« bezeichneten) Denk- und Verhaltensweisen festhält, ohne Rücksichtnahme auf die Regeln und Traditionen der Einwanderungsgesellschaft.

»Multi-Kulti« heißt ja letztendlich nichts anderes, als dass alles *nebeneinander* bestehen soll, ohne die Frage zu beantworten, wie dann diese verschiedenen Gruppen aus einheimischer Bevölkerung und Einwanderern *miteinander* kommunizieren und *zusammenleben* sollen (in der Praxis oft eben parallel, ohne Integration in eine vorhandene Basisgesellschaft).

Das Grundproblem hierbei – und da kommt der historische Ansatz zum Tragen – besteht jedoch darin, zu erkennen, dass sehr viele Denk- und Verhaltensmuster aus der Region in erster Linie weder religiös noch kulturell definiert, sondern zum überwiegenden Teil (ich schätze zu 85 Prozent) entwicklungshistorisch bedingt sind. Der Begriff »Multi-Kulti« allein führt deshalb bereits in die Irre.

Ich möchte hier kurz meine historische Betrachtungsweise erläutern und begründen, die ich in den nachfolgenden Kapiteln zu den einzelnen von mir beobachteten Besonderheiten in den Denk- und Verhaltensmustern weiter illustriere und detailliere.

Generell und überwiegend kann gesagt werden, dass sich die Gesellschaften der betreffenden arabischen Länder als solche auf einer Entwicklungsstufe befinden, die ich hier als »vor-modern« bezeichnen möchte. Aus europäischer Sicht sind sie eher typisch für gesellschaftliche Entwicklungsperioden, die hierzulande 700–2000 Jahren zurückliegen. Diese Bewertung betrifft dabei in keiner Weise die Würde der Menschen, die in diesen Gesellschaften leben – ihre Würde steht der jedes anderen Bewohners dieses Planeten in nichts nach. Sie sieht auch bewusst von äußerlichen, der modernen Gesellschaft entlehnten Anzeichen ab (wie z. B. die Nutzung von moderner Technik wie Smartphones oder Flugzeugen oder des Lebens in Häusern anstelle von Zelten oder Palmhütten)[2], da diese bisher die innere Funktionsweise dieser Gesellschaften nicht wesentlich verändert haben. Diese Einschätzung betrifft einzig und allein die Frage, wie diese Gesellschaften im Innern funktionieren, nach welchen Regeln und auf der Grundlage welcher Institutionen. Gerade dieser, dem Außenstehenden nur sehr schwer zugängliche Aspekt, ist von ausschlaggebender Bedeutung für das Denken und Handeln und damit auch für die Mentalität der betreffenden Menschen.

Ohne Anspruch auf Wissenschaftlichkeit, was das Anliegen dieser auf persönlicher Erfahrung basierenden Publikation sprengen würde, möchte ich Kritiker oder Zweifler hier kurz auf folgende Aspekte der Entwicklung menschlicher Gesellschaften verweisen, mit denen ich mich aufgrund meiner Erfahrungen im Nahen Osten und anderen Ländern auf insgesamt drei Kontinenten auseinandergesetzt habe: Es ist heute oft nicht opportun, von »Unterentwicklung« oder »Rückständigkeit« zu sprechen (was mit dem Begriff der »Vor-Moderne« ja faktisch ausgedrückt wird) und es wird darauf verwiesen, dass nicht alle Länder und Zivilisationen genau dem westlichen Entwicklungsweg folgen müssen, der auch ein Irrweg sein könnte.

Ich stimme dem zweiten Aspekt vollkommen zu und lehne deshalb auch die Auffassungen und Politik des Westens ab, alle Länder und Völker allein nach den westlichen Postulaten zu beurteilen und ihnen die Modelle des Westens aufzuzwingen, die selbst in sich recht unterschiedlich sind und in der Praxis heute auch nicht immer den Postulaten entsprechen. Der Westen selbst ist in seiner Entwicklung immer wieder durch viele Irrungen und Wirrungen gegangen und muss diese anderen Gesellschaften ebenfalls zugestehen. Insbesondere bin ich der Meinung, dass alle Gesellschaften von innen heraus die Kraft und die Vision für ihre weitere Entwicklung und die eventuelle Überwindung gesellschaftlicher Hindernisse finden müssen, wobei nach meinen Erfahrungen und Erkenntnissen Entwicklung nicht in Jahren, sondern in Generationen gemessen werden sollte. Alle menschlichen Gesellschaften sind relativ langsam, insbesondere in ihren geistigen und institutionellen Fortschritten und vor allem bevor diese auch die Massen ergreifen. In der Regel werden Fortschritte und Reformen jeweils durch eine neue Generation akzeptiert und durchgesetzt. In diesem Maßstab von Generationen sollte generell auch gesellschaftlicher Fortschritt gemessen und gewürdigt werden.

Vor diesem Hintergrund benötigen die Gesellschaften im Nahen Osten, unter Berücksichtigung aller heute bestehenden Beschleunigungsfaktoren von außen, offensichtlich noch mindestens fünf, wenn nicht mehr Generationen, um tatsächlich in der Moderne anzukommen – bzw. in dem, was wir derzeit darunter verstehen – wenn sie das denn wollen.

Bei allen unterschiedlichen Entwicklungsmodellen und ihren historisch-kulturell-religiösen Hintergründen bin ich jedoch gleichzeitig der Meinung, dass alle menschlichen Gesellschaften gewisse einheitliche Stufen der Entwicklung und Selbstorganisation durchlaufen. Die Organisierung in Stämmen und Familien ist z. B. ein solches, allen menschlichen Gesellschaften eigenes Stadium. Vor allem mit der wirtschaftlichen Entwicklung werden bestimmte gesellschaftliche Ausdrucksformen (wie Stammesgesellschaft, Sklaverei oder Feudalismus und die ihnen innewohnenden Regeln) dann oft zu Hemmnissen und es wächst innerhalb der Gesellschaften der Wille, diese zu überwinden. So sind auch die modernen liberalen kapitalistischen Gesellschaften des Westens entstanden, auf deren Besonderheiten hier nicht eingegangen werden soll.

Ein Aspekt desselben ist, dass in vormodernen Gesellschaften die Abstammung als Vertrauensfaktor und Basis für persönliches Fortkommen absolut dominiert. Mit der Moderne wurde dieses Prinzip immer mehr (wenn auch nie ganz vollständig – siehe beispielsweise Südeuropa) durch jenes ersetzt, das auf »Verdiensten« durch persönliche Kompetenz und Leistung basiert. Dies beruht – wie manche denken mögen – nicht in erster Linie auf menschenrechtlichen Überlegungen, sondern letztendlich darauf, dass dieses Prinzip ab einer bestimmten wirtschaftlichen Entwicklungsstufe, vor allem bei starker Arbeitsteilung, dienlicher ist, wenn Vertrauen auch außerhalb des verwandtschaftlichen Kontexts funktioniert, wobei die Gesellschaft dann auch über entsprechende institutionelle und regulative Garantien verfügen muss.

Auch wenn die arabischen Gesellschaften im 10. Jahrhundert an der Spitze der menschlichen Zivilisation standen – nicht zuletzt wegen ihrer Offenheit gegenüber dem Wissen der gesamten Menschheit und Geschichte und gegenüber dem Fremden – so sind sie doch danach in ihrer Entwicklung über einen langen historischen Zeitraum im Wesentlichen in demselben Jahrhundert stecken geblieben und haben die damit verbundene vormoderne Organisation nach Clans und Stämmen und die daran gebundenen Regeln und Denkweisen bis in die Neuzeit nahezu unverändert konserviert. Es wäre nach meiner Auffassung falsch, hier von »Kultur« zu reden, denn es handelt sich in erster Linie um ein allgemeinmenschliches »Entwicklungs-Phänomen«. Die kulturelle Komponente, die von zahlreichen Faktoren beeinflusst wird (Klima, Umweltbedingungen, Religion, gesellschaftliche Organisation etc.) macht deshalb hier etwa 15 Prozent aus und unterscheidet sich beispielsweise auch von der einen zur anderen arabischen Gesellschaft.

Wie uns zahlreiche Beispiele aus der Geschichte lehren, sind zivilisatorische Errungenschaften und Vorteile nicht für immer und ewig gesichert und können durchaus für eine lange Zeit wieder verloren gehen. Als ein Beleg hierfür kann Winston Churchills »Geschichte« herangezogen werden. Dort verweist der Autor darauf, dass die Menschen in Britannien etwa ab dem Jahr 400 über fünfzehn Jahrhunderte hinweg keine Zentralheizung kannten und sich nur sehr wenige ein häusliches Badezimmer leisten konnten. Beide Errungenschaften waren in Britannien davor sehr weit verbreitet, nämlich solange

Britannien römische Provinz war.[3]

Ein anderes Phänomen, dem ich in Diskussionen öfter begegnet bin, ist, dass die Begriffe von »Rückständigkeit« oder »Unterentwicklung« in Bezug auf Gesellschaften akzeptiert werden, bei denen das offensichtlich ist (wie z. B. jenen in abgelegenen Gebieten Indonesiens oder Afrikas, die nur mit Lendenschurz bekleidet auf Jagd gehen, oder auch indianische Stämme im brasilianischen Hinterland). Da im Nahen Osten jedoch inzwischen modern gebaut wird und die Menschen moderne Technik nutzen, werden diese Bezeichnungen in Bezug auf jene oft als »rassistisch« abgelehnt, da Rückständigkeit oder Unterentwicklung nicht so offenkundig sind und für den Außenstehenden versteckt unter der Oberfläche existieren. Hier sollten die Leser auf Berichte jener vertrauen, die längerfristige und tiefgründige persönliche Erfahrungen aus diesen Gesellschaften besitzen. Als Problem kommt hinzu, dass die mit diesen Erfahrungen gesammelten Eindrücke und Erkenntnisse oft nicht durch kurze, prägnante, zusammenfassende Informationen weitergegeben werden können, sondern nur durch ausführliche, detaillierte und illustrative Berichte.

Ich möchte in diesem Zusammenhang auch darauf verweisen, dass das zeitliche Nebeneinanderbestehen von menschliche Gesellschaften, die sich auf völlig unterschiedlichen zivilisatorischen Entwicklungsstufen befinden, so alt ist wie die Menschheit selbst und sehr leicht mit dem Hinweis auf die zeitliche und geografische Nachbarschaft des Römischen Imperiums und den entwicklungsgeschichtlich weit unterlegenen Stammesgesellschaften der alten Germanen verdeutlicht werden kann. Man kann das, wie vom Bielefelder Soziologen Wilhelm Heitmeyer und auch anderen Autoren praktiziert, mit dem ursprünglich auf Bloch zurückgehenden Begriff der

»Gleichzeitigkeit der Ungleichzeitigkeit« bezeichnen, nämlich dass menschliche Gesellschaften, die zur gleichen Zeit auf diesem Planeten existieren, entwicklungsgeschichtlich in unterschiedlichen Epochen leben. Dieses Phänomen wird faktisch auch in der Reiseliteratur des 18. und 19. Jahrhunderts beschrieben.

Wegen der großen geografischen Entfernungen und relativ geringen Kommunikation zwischen solchen Gesellschaften entstanden daraus in der ferneren Vergangenheit in der Regel keine besonderen Probleme, weder für die eine noch für die andere Seite, es sei denn, Eroberungen, Kolonialisierungen oder Sklavenhandel kamen ins Spiel, wie wir sie und ihre Folgen aus der Epoche des Kolonialismus im 19. und 20. Jahrhundert kennen.

Ein größeres Problem entstand mit der »Gleichzeitigkeit der Ungleichzeitigkeit« jedoch in der jüngsten Vergangenheit, und zwar vor allem durch die Globalisierung und gleichzeitige enorme Entwicklung der Kommunikationsmittel sowie der damit aufkommenden unmittelbaren, augenblicklichen, direkten und sich ohne Verzögerung vollziehenden globalen Kommunikation bis hinunter auf die individuelle Ebene, wodurch die beiden Gesellschaften ständig und unmittelbar miteinander konfrontiert werden und dieser Konfrontation nicht ausweichen können. Auf diese Weise wird die Ungleichzeitigkeit ständig und unmittelbar herausgefordert. Die unterentwickelten Gesellschaften haben keine Zeit, sich allmählich und auf eigener Basis weiterzuentwickeln. So entsteht innerhalb derselben oft ganz natürlich der Reflex zur Abwehr.

Dieses Phänomen spiegelt sich auch in folgender Episode wieder, die ich als Direktor in Amman erlebte: Das UNESCO-Büro hatte zu einem Workshop für Frauen aus dem Jemen eingeladen, einem in allen Belangen extrem rückständigen Land. Diesen Frauen, die sich dem Journalismus widmeten oder widmen wollten, sollte die Möglichkeit geboten werden, auf der Grundlage der neuesten weltweiten Standards und Techniken sowie der Situation im Jemen ihre professionellen Kenntnisse, Mittel und Methoden weiterzuentwickeln, um gerade als Frauen in ihrem Land in diesem Beruf erfolgreich bestehen zu können.

Am zweiten Abend hatte ich als Direktor die Gruppe sowie die Lektoren zu einem Abendessen in einem Restaurant eingeladen, eine übliche Form der Ehrerweisung für die Gäste. Der Tisch war mit einheimischen Speisen gedeckt, die die unverschleierten jemenitischen Frauen, die für ihre Gesellschaft sicher sehr offen und fortschrittlich waren, gerne annahmen. Das Restaurant hatte jedoch auch Flaschen mit Wein auf dem Tisch verteilt, der den Frauen natürlich durch ihre Erziehung und Religion verboten war. Deshalb wussten sie erst nicht, worum es sich handelte und begannen, sich dafür zu interessieren, vorsichtshalber ohne die Flaschen zu berühren, bis eine von ihnen zu der Erkenntnis kam, dass sie dieses Produkt ja »aus den amerikanischen Movies« kannten, die auch in ihrer Heimat über Satelliten zu empfangen waren. Die ständige Konfrontation der Ungleichzeitigkeit und der gegenseitigen Fremdheit durchdrangen ihr Leben also bis hin zu solchen Details.

Hinsichtlich des Vorrangs der historischen Betrachtungsweise vor einer islamisch-religiösen oder kulturellen Perspektive, möchte ich noch auf einen weiteren Aspekt verweisen, der meine diesbezügliche These stützt:

Falls der Islam der bestimmende Faktor in der Bewertung wäre, dann müssten sich die Christen in der Region (in Jordanien ca. zehn

Prozent der Bevölkerung) im Alltag fundamental von den Muslimen und ihren Handlungsweisen und Bräuchen unterscheiden. Das ist jedoch nicht der Fall. Im Gegenteil, beide ähneln sich in vielen Bereichen sehr stark, sogar mehr als sie sich unterscheiden. Dies wird später durch entsprechende Beispiele unterlegt.

Aufgrund dieser Tatsache und Erfahrung wird immer deutlicher, dass nicht in erster Linie der Islam, sondern die Clan-Gesellschaft als solche das Leben und Handeln der Menschen in bzw. aus der Region bestimmt. Und diese Clan-Gesellschaft hat in erster Linie historische Ursachen, nämlich das Verharren dieser Zivilisation auf einem bestimmten, deutlich vor-modernen Niveau der Entwicklung.

Wenn man sich in der Auseinandersetzung zu diesen Fragen deren religiöser Verkleidung entledigen kann, so hat das noch einen weiteren Vorteil: Religiöse Fragen sind immer Glaubensfragen, in denen Menschen selten bereit sind, einander zuzuhören oder Kompromisse zu akzeptieren. Beim Glauben wird die Vernunft zumeist blockiert. Eine historische Betrachtungsweise bietet also zusätzlich die Möglichkeit, die eher irrationalen Glaubensaspekte zu umschiffen und Debatten auf einer vorzugsweisen nüchternen Basis zu führen. Das dürfte nach meiner Auffassung im Übrigen auch für die Analyse und Auslegung der Texte der Thora, der Bibel oder des Koran gelten.

Abschließend können zusammenfassend nochmals grob die folgenden Charakteristika der nahöstlichen Gesellschaften genannt werden, die man stets im Kopf haben sollte, ohne Anspruch auf Vollständigkeit zu erheben:

1. Die Gesellschaften und die Denk- und Verhaltensweisen ihrer Mitglieder werden vorrangig von Clan-Strukturen und deren über Jahrtausende bewahrten Regeln beherrscht.

2. Der Islam kam erst viel später, nämlich im frühen 7. Jahrhundert auf und kommt bis heute insgesamt nur auf ein Alter von ca. 13 Jahrhunderten.

3. Religion ist allgegenwärtig, darf und kann nicht angezweifelt werden, egal ob es sich um Muslime oder Christen der Region handelt. Insofern entspricht die Situation der in Europa vor der Renaissance. Diese Gesellschaften haben zumindest ihr Mittelalter noch nicht abgeschlossen und kennen keinen historischen Moment der Aufklärung.

4. Die ökonomische Basis (mit Ausnahme der Förderung von Öl und anderen Rohstoffen) wird im Wesentlichen vom traditionellen Handel und Handwerk, von Kleinbetrieben und von der traditionellen Landwirtschaft bestimmt. Es gibt nur relativ wenig moderne industrielle Produktionen (und wenig systematische, moderne berufliche Ausbildung) und wenn, werden sie oft von entrechteten Wanderarbeitern am Leben erhalten.

5. Ein Teil dieser Länder (wie z. B. Saudi-Arabien) wird nicht nur in der inneren Funktionsweise von Clan-Strukturen und deren Regeln beherrscht, sondern auch als Ganzes wie ein Clan regiert. Staatliche Institutionen und Regeln (einschließlich Strafen) befinden sich deshalb noch auf dem Niveau wie vor 2000 Jahren oder früher. Andere Länder verfügen rudimentär über modern anmutende staatliche Institutionen der Gewaltenteilung, aber sie sind zumeist äußerst schwach und werden oft nur im Clan-Interesse genutzt.

6. Die Frau besitzt i. d. R. keinen autonomen juristischen Status und ist nur eingeschränkt rechtsfähig. In allen Fragen hat sie ihren Beschützer zu konsultieren (sei es der Ehemann, der Vater, der Bruder oder der Sohn) und dieser entscheidet letztendlich an ihrer Stelle. Verliert eine Frau ihren natürlichen familiären Beschützer,

kann sie leicht in die Hände eines weitläufigen Verwandten und dessen Willkür geraten.

7. Diese Länder sind bis heute relativ isoliert vom modernen Wissensschatz und Wissenszuwachs in der Welt.

So weist der 2015 erschienene Weltwissenschaftsbericht der UNESCO aus, dass auf die arabischen Länder (bei einem Anteil an der Weltbevölkerung von etwa 5,5 %) nur 1,9 Prozent der Forscher in der Welt entfallen, wobei diese Zahl sowohl staatliche Forschung als auch jene der privaten Wirtschaft umfasst.

Im ersten, alle 22 Länder der Arabischen Liga gemeinsam betreffenden »Bericht über menschliche Entwicklung« der Vereinten Nationen von 2002 wird festgestellt, dass alle arabischen Länder zusammen nur etwas mehr als 300 Bücher jährlich übersetzen, wobei ein Großteil davon religiösen Inhalts ist. Das ist ein Fünftel dessen, was Griechenland zu diesem Zeitpunkt jährlich ins Griechische übertrug. Dabei betrug die Gesamtbevölkerung der 22 Länder der Arabischen Liga im Jahr 2002 zusammen ca. 293 Mio. Menschen (2016 ca. 400 Mio.). Die Bevölkerung Griechenlands umfasste dagegen 2002 nur etwa 10,5 Mio. Einwohner.

Die Gesamtzahl der ins Arabische übersetzten Bücher seit der Zeit des Kalifen Maa'moun im 9. Jahrhundert beträgt insgesamt nur rund 100.000 Titel (davon die Mehrzahl religiösen Charakters), das ist so viel, wie Spanien allein 2002 ins Spanische übertrug. Das Internet hat hier sicherlich neue Möglichkeiten des Zugangs zu Informationen eröffnet, doch dürfte sich an diesem Bild trotzdem seither nichts Grundsätzliches geändert haben.

Die Clan-Gesellschaft – älter als der Islam

Jahrtausende alte Strukturen und Regeln

Wenn sich in Europa zwei Menschen begegnen und gegenseitig vorstellen, so verweist man zumeist auf seinen Beruf oder seine Tätigkeit sowie eventuell seinen Wohnort oder aus welcher Gegend oder welchem Land man stammt. Im Nahen Osten wird man dagegen sofort fragen, welchem Clan man angehört, weil damit sehr einfach Rückschlüsse auf die Stellung in der Gesellschaft gezogen werden können. Dies ist ein eindeutiges und sehr anschauliches Kennzeichen für die allumfassende Bedeutung der Clans sowie für die Tatsache, dass der Mensch allein nach seiner gesellschaftlichen Herkunft beurteilt wird.

Jeder Araber aus einem ehrbaren Clan ist stolz darauf nachzuweisen, auf welchen Stammbaum bis hin zum Urvater (mindestens Mohamed, ggf. auch Adam oder Noah) er zurückblicken kann. Dies ist sein wichtigstes Wissen und Kapital, um sich in der Gesellschaft behaupten und sein Leben gestalten zu können.

Im Grunde handelt es sich bei den Gesellschaften im Nahen Osten bis heute weitestgehend um vaterrechtliche Stammesgesellschaften. Die unangefochtene Grundstruktur der dortigen Gesellschaften ist seit Jahrtausenden ein Flickenteppich von Clans, der das Leben und Schicksal jedes Einzelnen bis ins kleinste Detail bestimmt. Daher ist ohne ein gewisses Maß an Kenntnis dieser Strukturen, ihrer Regeln, ihrer Hierarchien, ihrer Beziehungen untereinander, ihres Einflusses auf das gesellschaftliche und politische Leben der Region und auf jeden einzelnen der dort aufgewachsenen Menschen weder ein

Verständnis für die Vorgänge in der Region und die Handlungen und Mentalität ihrer Bewohner noch ein bewusster Umgang mit den von dort stammenden Menschen möglich.

Selbst wenn es in den letzten Jahren durch Verstädterung und Globalisierung der Kommunikation zu gewissen Aufweichungserscheinungen gekommen ist und sich ein Teil der dortigen Gesellschaften auf den Weg aus der Vor-Moderne in die Moderne aufgemacht hat, so stehen diese Prozesse doch erst ganz am Anfang, und die Clans bleiben bis heute der wichtigste Orientierungspunkt und Schutzraum für alle Menschen.

Allein mit der Beschreibung des komplizierten Netzes der Clans eines einzelnen Landes und ihrer Hierarchien kann man leicht ganze Bücher füllen. (Die Untersuchung und Beschreibung der Genealogien war im Grunde die erste Wissenschaft im Nahen Osten.) Mit dieser Publikation wird deshalb keinesfalls der Anspruch verfolgt, eine vollständige und exakte Beschreibung der verschiedenen Clans, ihrer Geschichte und Regeln vorzulegen. Es soll hier nur auf einige diesbezüglich wichtige Aspekte aufmerksam gemacht werden, um dem Leser die Tür für ein Grundverständnis dieses Phänomens und der davon geprägten Menschen, sowie weiterer daraus resultierender Aspekte, einen Spaltweit zu öffnen. Die Komplexität der Thematik wird auch durch die Tatsache erhellt, dass die Siedlungsgebiete vieler Clans die Grenzen eines einzelnen Landes überschreiten.

Allgemein wird von folgender Struktur der arabischen Gesellschaften ausgegangen: Volk – Sippe – genealogische Linie der Stammesväter – Stamm – Stammzweig – Clan – Großfamilie – Familie. Allein die letzte Kategorie umfasst schon die Verwandtschaft der letzten fünf (!) Generationen. Dieses Wissen ist heute auch für uns

Mitteleuropäer bedeutsam, beispielsweise wenn über den Familiennachzug von Migranten diskutiert wird.

Die Stammesstruktur selbst ist nichts Ungewöhnliches in der Geschichte der Menschheit. Sie diente überall als erste Grundlage der menschlichen Organisation und des Überlebens in einer menschenunfreundlichen Natur. Als ungewöhnlich empfinden wir allerdings, dass diese Struktur, die uns vor allem aus Erzählungen wie Shakespeares »Romeo und Julia« bekannt ist, sich bis heute tatsächlich erhalten hat und in weiten Teilen der Welt unangefochten dominiert. Dies betrifft vor allem die muslimisch geprägten Gesellschaften im Nahen Osten und darüber hinaus. Von grundlegender Bedeutung für das Verständnis der Letzteren ist dabei, zu begreifen, dass die Clan-Strukturen weitaus älter sind als der Islam und von diesem im Prozess seiner Entstehung nur absorbiert wurden.

Das deutet auf eine tiefe Verankerung der Clan-Struktur in den betreffenden Gesellschaften, im Bewusstsein und Handeln der Menschen sowie auf eine hohe Resilienz hin, weshalb diese Struktur noch über viele weitere Generationen andauern wird. Sie hat sich übrigens sogar in der Diaspora, die inmitten der fortgeschrittenen westlichen Gesellschaften lebt, bisher als weitgehend resistent erwiesen, trotz der geografischen Entfernungen zum Stammgebiet des Clans. Feste Bande und moderne Kommunikationsmittel sind der Garant für den Fortbestand des Clans und seiner Regeln auch über geografische Entfernungen hinweg.

Gleiches kann von den (nicht nur islamisch geprägten) Stammesgesellschaften in anderen Teilen dieser Welt gesagt werden (siehe dazu die entsprechenden Ausführungen im Vorwort). Ein für Mitteleuropäer anschauliches Beispiel sind möglicherweise die Sinti und

Roma, die sich nach dem gleichen Prinzip organisieren und die bis heute ebenso eine erstaunliche Resilienz demonstrieren.

Diese Resilienz trifft insbesondere auch auf die kaukasischen und mittelasiatischen Gebiete der ehemaligen Sowjetunion zu, denen 70 Jahre kommunistische Unterdrückung und gleichzeitige moderne Bildung und Aufklärung sowie Zugang zum Wissen über die »Lingua Franca« des Russischen kaum etwas anhaben konnten. Aus eigener Anschauung und Erfahrung weiß ich, dass sich dort – trotz offiziellen Verbots – die stammesrechtlichen Bräuche und Regeln (wie z. B. Zwangsheiraten oder Heiratsversprechen im Kindesalter) gewissermaßen unter der Oberfläche am Leben erhielten. Dabei versteckten sich die Stammesfürsten oder ihre Vertreter nicht selten hinter den offiziellen staatlichen Strukturen, indem sie in den betreffenden Regionen Stellen im Partei- und Staatsapparat besetzten. Die sowjetische Filmkomödie »Die kaukasische Gefangene« (1966) belegt das – gewollt oder ungewollt – sehr offen. Der Plot basiert auf einem geheimen Deal zwischen Clan-Chefs, die gleichzeitig staatliche Funktionen innehaben, über den »Verkauf zwecks Verheiratung« einer jungen Frau »für 21 Schafe und einen Importkühlschrank aus Finnland«. Daraufhin wird die junge Frau vom Käufer zur Hochzeit entführt. Diese wehrt sich jedoch und kann auf abenteuerliche Weise fliehen.[4]

Meine aus Russland stammende Frau hat während der Zeit der Sowjetunion auf einer Konzertreise nach Mittelasien eine ehemalige Mitstudentin getroffen, die zu jener Zeit gerade gegen ihren Willen von ihrem Clan zwangsverheiratet wurde. Dieser Vorgang basierte auf einer inoffiziellen Vereinbarung zwischen den Clans, die bereits in ihrer Kindheit getroffen worden war. Auf die Frage meiner Frau, weshalb sie unter diesen Umständen überhaupt studiert habe, denn die weitere Berufsausübung wurde von ihrem Ehegatten abgelehnt, antwortete sie: »Meine Familie wollte das so, denn das hat meinen Preis wesentlich erhöht.«

Es ginge hier zu weit zu untersuchen, weshalb sich viele nicht gewehrt haben, denn zumindest die zentralen staatlichen Strukturen in der Sowjetunion hätten diese illegalen Praktiken im konkreten Fall sicher unterbunden. Die wichtigste Erklärung ist wohl, dass die jungen Frauen dann vollständig mit der eigenen Familie hätten brechen und sich vor Verfolgung durch den Clan auch hätten verstecken müssen. Dass diese Teilrepubliken nach dem Auseinanderbrechen der Sowjetunion innerhalb kürzester Zeit offiziell weitgehend zu den vormodernen Gesetzen und Praktiken zurückkehren konnten, hat ebenfalls weitgehend mit dieser außergewöhnlichen Resilienz zu tun sowie der Tatsache, dass sie unter der Oberfläche nie aufgehört haben zu existieren.

Wenn sich menschliche Gesellschaften in weiten Teilen der Welt bis heute ausschließlich nach jahrtausendealten Bräuchen und Regeln organisieren und orientieren, deutet dies auch auf ein bedeutendes zivilisatorisches Defizit derselben gegenüber solchen Gesellschaften hin, die sich seitdem vor allem in ihren Werten und in ihrer Organisation des Zusammenlebens deutlich weiterentwickelt und in ihrer Funktionsweise ausdifferenziert haben.

Aus diesen Disproportionen sind auch die meisten der grundlegenden Konflikte zu erklären, die zwischen den von dort stammenden Einwanderern in die Gesellschaften in Europa und deren einheimischer Bevölkerung entstanden sind und weiterhin entstehen. Insofern sind beide Welten wenig kompatibel, wenn nicht die eine Seite ihren Zivilisationsfortschritt wieder aufgibt oder die andere zumindest versucht, diesen über mehrere Generationen hinweg wettzumachen.

Gerade die Tatsache der unglaublichen Resilienz der Clan-Gesellschaften in den weitgehend islamischen Teilrepubliken der ehemaligen Sowjetunion sowie im Kaukasus sollte Befürwortern einer unregulierten Einwanderung aus solchen Gesellschaften zu denken geben. Sie stützen zusätzlich meine These, dass eine historische Betrachtungsweise einer religiös verbrämten vorgezogen werden sollte. Wenden wir uns deshalb ein wenig der Geschichte vor dem konkreten Hintergrund des Nahen Ostens zu:

Macht und Ranking der Clans

In den wüstenreichen Gegenden der arabischen Halbinsel konnten sich aus naheliegenden Gründen keine großen, zusammenhängend lebenden Menschengruppen bilden. Der Stamm war deshalb bis in die Neuzeit die effektivste Form der menschlichen Organisation, insbesondere für jene, die gezwungen waren, ziemlich isoliert von der Außenwelt als Nomaden oder Halbnomaden zu leben. Eine solche Gruppe umfasste i. d. R. nicht mehr als 600 Personen, um unter diesen Bedingungen überleben zu können. Ein wichtiger Grund für die ursprüngliche Zersplitterung der arabischen Stämme war auch die Zerstörung eines südarabischen Staudamms durch ein Erdbeben im Jahre 570, wodurch eine bewässerte Landwirtschaft für die dort fest siedelnden Stämme unmöglich wurde und die Nomadenstämme die Herrschaft über die arabische Halbinsel wiederherstellen konnten.

Die Mitglieder eines Clans oder einer Familie im weitesten Sinne des Wortes definierten sich selbst in erster Linie über die Zugehörigkeit zu diesem Clan. Das Leben außerhalb eines Clans war faktisch unmöglich, weil man dann nirgendwo als Persönlichkeit anerkannt wurde, deshalb »vogelfrei« war und um seine Sicherheit und sein Leben fürchten musste.

Die Stämme waren stets sehr autonom, wenn nicht gar oft souverän im Verhältnis untereinander. Diese Zersplitterung war gleichzeitig die Grundlage für die wechselnden Konflikte, die häufig wechselnden Allianzen und sogar die gegenseitige Verachtung unter den verschiedenen, oft verfeindeten Stämmen sowie im Weiteren für die Hierarchie ihrer Macht und ihres Ansehens untereinander, und zwar bis heute. Vor diesem Hintergrund wurden bis ins 20. Jahrhundert gegenseitige Raubzüge quasi als »Sport« betrieben. Hinzu kommt ein traditioneller Unwille, sich anderen Clans, Stämmen, Herrschern oder irgendwie gearteten staatlichen Strukturen unterzuordnen, womit z. B. auch die osmanischen Herrscher bereits ihre Probleme hatten.

Das Ranking der Clans hat – neben der Genealogie und der Tätigkeit – vor allem auch damit zu tun, dass sich die weniger ehrbaren Clans ursprünglich dem Schutz der Beduinen unterwerfen und Schutzgeld zahlen mussten.

Zur Hierarchie der Clans, die aus den jeweils wechselnden Machtpositionen resultiert, gesellt sich jene aus grundsätzlichen Erwägungen heraus. Sehr verbreitet ist folgendes Ranking der Clans:

Die Nomaden und die Halbnomaden-Clans genießen die höchste Anerkennung, wobei die ehrbarsten unter ihnen sich auf die direkte Abstammung von den Ur-Stammvätern berufen. Dazu zählen sich auch die jeweiligen Herrscherhäuser, für die die Genealogie und

Stammeszugehörigkeit die wichtigsten Grundlagen ihrer politischen Legitimation bilden und die deshalb bis heute intensiv an den stammesrechtlichen Nachweisen arbeiten.

Die sesshaften, zumeist als Viehhirten tätigen Clans ordnen sich nach den Nomaden-Clans an zweiter Stelle ein.

Im Ansehen weit zurück stehen die – zumeist städtischen – Clans, die an bestimmte handwerkliche Berufe wie Schmied, Kürschner oder Töpfer gebunden sind, sowie insgesamt alle, die von ihrer Hände Arbeit leben.

Auch deshalb wird bis heute ein Angehöriger eines Beduinen-Clans lieber betteln gehen, als eine »unehrenhafte« Arbeit anzunehmen, bei der er sich die Hände schmutzig machen muss. Deshalb sollte man sich auch nicht wundern, wenn Migranten, die den »ehrbaren« Clans entstammen, es als Beleidigung ansehen, wenn ihnen eine Arbeit in einem Handwerks- oder Industriebetrieb angeboten wird, es sei denn als Aufseher – anderes kommt für ihn nicht infrage und würde ihn auch in den Augen seiner eigenen Clan-Mitglieder völlig seiner Ehre berauben. Im Übrigen waren und sind Ehen zwischen Beduinen und Frauen aus Clans, die im Ansehen darunter stehen, ausgeschlossen. Daraus lassen sich auch Konflikte beim Zusammentreffen von Mitgliedern aus Clans »unterschiedlicher Ehrbarkeit« unter den Migranten und Flüchtlingen in Europa erklären, insbesondere wenn sie auf engem Raum in einem Flüchtlingsheim zusammenleben müssen. Der »Höherstehende« wird in verschiedensten Situationen immer wieder versuchen, den anderen den Unterschied spüren zu lassen.

Die Feindschaft zwischen zwei Clans und deren Mitgliedern kann sehr weit gehen und sogar in tödlichen Auseinandersetzungen enden.

Ein Bekannter, der an einem Entwicklungsprojekt im Sudan tätig war, berichtete mir, dass er in erster Linie darauf achten musste, dass sich niemals Mitglieder zweier verfeindeter Clans persönlich begegneten. Als ich einmal ein Mitglied einer tschetschenischen Regionalregierung fragte, ob sich die beiden tschetschenischen Clans nicht einfach untereinander einigen könnten, verneinte sie dies grundsätzlich. Frieden in Tschetschenien sei nur möglich, indem ein Clan den anderen dominiere.

Ganz unten im Ranking und Ansehen stehen jene Clans, die anderen Clans ihre Dienste oder Dienstleistungen anbieten, darunter auch Tänzer, Sänger, Musiker und Prostituierte. Das entspricht in etwa dem niedrigen Ansehen, in dem Künstler, vor allem Theaterleute, im Mittelalter in Europa standen.

Mit Letzterem habe ich kurz nach meiner Ankunft als Direktor des UNESCO-Büros in Amman und naiver Mitteleuropäer sehr schnell meine eigenen Erfahrungen machen müssen: Um möglichst viele berufliche Partner kennenzulernen, haben meine Frau und ich zahlreiche Essen organisiert. Unter Diplomaten ist dies die effektivste Methode zum Kennenlernen und für das Anbahnen von Absprachen. Bei diesen Gelegenheiten habe ich meine Frau, nicht ohne Stolz, immer auch mit ihrem Beruf vorgestellt, nämlich Musikerin. Nach ein paar solcher Treffen bat sie mich jedoch, den Hinweis auf ihren Beruf künftig wegzulassen. Sie hatte aus den Blicken der jeweiligen Gäste entnommen, dass dieses Detail bei ihnen nicht gut ankam.

Tatsächlich macht allein der Fakt der beruflichen Tätigkeit einer Frau eher verdächtig. Wenn sie dann auch noch Künstlerin ist und damit einen gesellschaftlichen Hintergrund besitzt, der in der Clan-Gesellschaft eher Verachtung als Anerkennung genießt, dann ist dies weder für sie noch für den Ruf des Diplomaten und seine berufliche Tätigkeit von Vorteil. Nur die Stellung des Diplomaten schützt ihn dann vor der Isolation im Land und der Verachtung der Eliten.

Tatsächlich änderten sich die Blicke der Gäste grundlegend, nachdem der Beruf meiner Frau nicht mehr erwähnt wurde.

Meine Frau wurde später nochmals auf andere Weise direkt mit dieser Frage konfrontiert. Nachdem sie geholfen hatte, unter dem Patronat der jordanischen Königin eine Reihe von Kulturveranstaltungen in Amman zu organisieren, wurde sie von einer Angehörigen des weitläufigen Herrscherhauses gefragt, ob sie bereit wäre, in der Universität aufzutreten. Uns schien dies eine gute Gelegenheit, meine Arbeit als UNESCO-Repräsentant zu unterstützen.

Wir konsultierten dazu eine Reihe von Beratern und uns wurde dringend davon abgeraten: Da das Lehrpersonal der Universitäten als »Dienstleister« betrachtet werde, stehe es im Rang weit unter dem des Diplomaten. Ein Auftritt meiner Frau könne dazu führen, dass ihrem und meinem Ansehen im Land Schaden zugefügt würde. Das ist schwer nachzuvollziehen für einen modernen Mitteleuropäer, aber umso mehr schien es uns angeraten, diese Argumente nicht zu ignorieren und den Vortrag höflich abzusagen.

Eine besondere Gruppe am Ende der Hierarchie bilden jene Clans, die sich ursprünglich aus davongelaufenen Sklaven, vor allem aus dem Sudan und Äthiopien, bildeten und die sich bis vor Kurzem ausschließlich als Tagelöhner verdingten. Hierin liegt sicher auch ein Ursprung für den in der Region stark verwurzelten Rassismus (im ursprünglichen Sinne des Wortes) gegen Menschen mit schwarzer Hautfarbe.

Wie bereits erwähnt sind die Clans und die überwiegende Mehrzahl ihrer Regeln und Traditionen weitaus älter als der Islam. Durch das Aufkommen des Islam sind sie kaum verändert worden. Wenn auch der Islam einige besonders inhumane Praktiken (wie zum Beispiel das Vergraben von neugeborenen Mädchen im Wüstensand) überwand, wurde die innere Traditionsstruktur und Loyalität der Clans faktisch nicht angetastet. Im Gegenteil, sie wurde zusätzlich legitimiert, in den Islam integriert und damit auf eine religiöse Ebene gehoben. Auch die absolute Macht der Clan-Chefs wurde trotz des Aufkommens neuer übergeordneter islamischer Machstrukturen nicht beschnitten. Die Zugehörigkeit zur »Umma«, der Gemeinschaft der Gläubigen, ergänzte die Clan-Zugehörigkeit nur.

So kann an dieser Stelle festgestellt werden, dass sowohl die Lebensweise, die Strukturen, die Traditionen und die Regeln der arabischen Clans wie auch ihre Beziehungen untereinander und zu äußeren Machtstrukturen über mehr als zwei Jahrtausende hinweg, bis weit ins 20. Jahrhundert hinein, nahezu unverändert geblieben sind. In der Epoche des Islam sind die grundlegenden arabischen Clan-Traditionen lediglich religiös aufgewertet worden und zu einer Einheit mit denen der Scharia verschmolzen, die – zumeist ungeschrieben – die Basis der Justiz bildeten. Zu ihrer Durchsetzung trugen Stammes-Gerichte aus den angesehensten und einflussreichsten Clan-Chefs bei, die bis ins letzte Viertel des 20. Jahrhunderts zusammen das Rückgrat der Rechtsprechung bildeten und – wenn auch mit eingeschränkten Befugnissen – bis heute bestehen.

Gegenwärtig dürfen sich die Stammes-Gerichte in Jordanien »nur« noch mit drei Typen von Rechtsfällen befassen: wenn Blut geflossen ist, bei Vergewaltigungen und bei Verletzung des von einem Clan für einen Menschen oder anderen Clan gewährten Schutzes –

ein durchaus immer noch breites Spektrum an Rechtsstreitigkeiten.

Vor der Einführung der offiziellen Stammes-Gerichte wurden Streitfragen innerhalb des Clans von einem angesehenen Clan-Angehörigen entschieden. Dies geschah gewöhnlich im Zelt des Richters in Anwesenheit des Scheichs und der männlichen Mitglieder. Der Richter verlangte vom Beschuldigten zumeist einen öffentlichen Schwur, dessen Wahrhaftigkeit er ggf. durch den »Löffeltest« überprüfen konnte. Dabei wurde dem Beschuldigten ein glühender Löffel auf die Zunge gedrückt und Verbrennungen wurden als Zeichen der Lüge gewertet.

Im Übrigen glaubt man im Nahen Osten noch heute, dass das Gesetz der Blutrache dazu beiträgt, die Zahl der Kapitalverbrechen niedrig zu halten und die eigenen Leute davon zu überzeugen, sich »korrekt« zu verhalten. Man befürchtet, dass die Verbrechensraten schnell auf das Niveau von westlichen Gesellschaften und darüber hinaus anwachsen könnten, wenn die tribalistischen Institutionen abgeschafft würden, da man dann niemanden mehr im »Zaume halten« könne. Es ist daher nicht auszuschließen, dass kriminelle Handlungen von einzelnen Migranten und Flüchtlingen – wegen des Wegfallens der Abschreckung durch die tribalistisch geprägte Gesellschaft und durch die in Europa im Vergleich zu den Herkunftsländern sehr milden Strafen und einen weitaus humaneren Strafvollzug – begünstigt werden. Daneben regeln auch in Deutschland illegale Stammesgerichte Konflikte zwischen den Clans der Migranten sowie innerhalb derselben mehr oder weniger im Verborgenen. Diese untergraben somit die offizielle, demokratisch legitimierte Justiz und ersetzen sie durch ein archaisches System der Rechtsprechung.

Besondere Traditionen der Beduinen-Clans

Abschließend sollten wir uns in diesem Kapitel noch mit einigen grundlegenden Traditionen befassen, da auch diese zum besseren Verständnis des Clan-Systems und jener Teile der Welt unter den mitteleuropäischen Lesern beitragen können.

Über allem steht die genaue Kenntnis der eigenen Clan-Geschichte und der Abstammung, möglichst von Adam an, doch zumindest ab den Zeiten Mohammeds. Ohne diese Kenntnisse kann man sich weder auf die eigene Ehre noch eine edle Herkunft berufen. Soweit diese allgemein anerkannt sind, spielt es keine Rolle, ob es bei deren Nachweis über die Jahrhunderte möglicherweise Manipulationen gegeben hat.

Die gegenseitigen bewaffneten Überfälle der Clans (genannt »Gazu«) gehörten bis weit ins 20. Jahrhundert hinein zu den wichtigsten, als eine Art »Sport« empfundenen Vergnügungen der Beduinenstämme, die sie – wie in der Literatur beschrieben wird – wie die Luft zum Atmen brauchten und ohne die sie oft in Melancholie verfielen. Deren Ziel war es, ihre Verwegenheit zu zeigen und vor allem auch Beute zu machen. Das ist vielleicht in gewisser Weise mit dem Raubrittertum in Europa zu vergleichen. Zu den strengen Regeln der Überfälle gehörte es jedoch, möglichst kein Blut fließen zu lassen und keine Frauen, Kinder und Bedienstete in Gefangenschaft zu nehmen. Deshalb hat man sich gegen solche Überfälle oft nur halbherzig verteidigt, denn man wusste ja, dass man sich das gestohlene Eigentum bei einem anderen Stamm als eigene Beute wiederholen konnte.

Die Beduinen-Clans waren oftmals arm, dafür aber bis an die

Zähne bewaffnet, streit- und angriffslustig. Sie wehrten sich aggressiv gegen Versuche jeglicher Art, ihnen von außen irgendwelche Regulierung aufzuzwingen und gehorchten nur den Gesetzen ihres eigenen Clans. In diesen Praktiken, die erst im 20. Jahrhundert langsam unterbunden wurden, ist vielleicht auch eine Ursache für die bis heute verbreitete Gewaltaffinität zu sehen sowie für eine durchaus anzutreffende Mentalität, Wohlstand nicht langsam und mühsam zu erarbeiten, sondern auf »schnellerem« Wege zu erlangen.

Die bekannteste Tradition der Araber ist die (gegenseitige) Gastfreundschaft, die einen hohen Stellenwert einnimmt und historisch überlebenswichtig für das Leben in der Wüste war. In der arabischen Tradition gilt der Gast als »von Allah gesandt«. Deshalb wird er – unabhängig von der materiellen Situation des Gastgebers – ausgiebig verköstigt und mit allem versorgt, um seinen Weg fortsetzen zu können. Dies gilt auch für eine eventuelle familiäre Begleitung. Der Gast steht in jedem Fall – unabhängig von seiner Herkunft und anderen Fragen – für drei Tage und acht Stunden unter dem Schutz des Gastgebers und seines Clans, wobei die acht Stunden für die vier Stadien der Kaffeezeremonie vorbehalten sind. Reicht man einem Gast eine Kaffeetasse mit Wasser, so drückt man damit aus, dass er wegen seines Verhaltens oder aus anderen Gründen nicht willkommen ist.

Unter den Stadien der Gastfreundschaft kennt man auch die angebliche »Gefangenschaft« des Gastes, während der er die Gastfreundschaft ausgiebig genießen und abwarten soll, bis man ihn seinen Weg fortsetzen lässt, um dann überall von der Güte und Großzügigkeit der Gastgeber zu berichten. Diese Phase habe ich selbst kennengelernt und mehrfach durchlebt, wenn auch im russländischen, islamisch geprägten Tatarstan und nicht im Nahen Osten.

Eine andere, sehr sympathische Eigenschaft der Beduinen ist es, sich nach Möglichkeit permanent die Freude am Leben und an den angenehmen Dingen und Umständen, einschließlich der Freude am guten Essen zu bewahren.

Die Blutrache spielt bis heute eine bedeutende Rolle in den Clan-Beziehungen. Ein blutiger Zwischenfall zwischen Mitgliedern verschiedener Clans zieht Kontakte zwischen den Clan-Chefs und eine sofortige Tätigkeit der Clan-Gerichte nach sich, um eine weitere Kette von Blutrache zu verhindern. Im Fall einer Auseinandersetzung mit Todesfolge wurde vom Stammesgericht in Jordanien bis 1998 die lebenslange Vertreibung der engsten Verwandten der männlichen Linie bis hin zu den Cousins praktiziert. Seitdem trifft es neben dem Schuldigen am Tode »nur« noch dessen Großvater, Vater, Brüder, Söhne und Neffen und das nur noch für ein Jahr. Daneben sind Zahlungen in Form von Geld und Sachwerten, zumeist bis zu 50 Kamelen zu leisten.

Ein äußerst erstaunliches Phänomen, dem ich persönlich im Alltag ständig begegnet bin, ist, dass sich nahezu jeder Araber immer und überall als Boss sieht und sich nur sehr selten freiwillig fremden Willen unterwirft, nicht einmal dem des Vaters oder der Familie. Nur Einschüchterung und die Furcht vor sehr unangenehmen Folgen kann den durchschnittlichen Araber zum Einlenken und zur Unterwerfung unter die Autorität eines anderen bewegen. Diese Eigenschaft hat bis heute enorme Bedeutung im Zusammenleben und vor allem auch Auswirkungen auf die Arbeit im Team. Sie kann auch sehr deutlich unter Migranten beobachtet werden.

Ein herausragender Aspekt der Clan-Regeln ist, dass man alles tun muss, um den Seinen zu nützen. Dafür kann man im Bedarfsfalle wiederum selbst auf die Unterstützung des Clans rechnen, z. B. beim Finden einer akzeptablen Einkommensquelle oder beim beruflichen Fortkommen. In Europa würde man das als »Nepotismus« bezeichnen, vergisst aber, dass dies eine im Tribalismus fest verankerte, nicht zu brechende Regel ist.

Wenn in Deutschland jemand eine wichtige Position im Regierungs- oder Beamtenapparat einnimmt, so geht man davon aus, dass er in erster Linie dem Staat gegenüber loyal ist und dass er in dieser Position ggf. politisch etwas gestalten will, im Interesse einer Idee oder eines Parteiprogramms. Im tribalistischen System sieht man darin in erster Linie eine Möglichkeit, dem eigenen Clan zu dienen und für dessen Mitglieder einen (finanziellen) Vorteil daraus zu ziehen. Folgerichtig sind in Jordanien (und wohl nicht nur da) die wichtigsten politischen Parteien unausgesprochen auf der Grundlage von Clans, nicht einem politischen Programm oder einer sozialen Gruppe organisiert.

Soviel zum Demokratieverständnis in der Region, selbst da, wo das politische System formal dem modernen System der Demokratie und Gewaltenteilung angepasst ist. Man kann deshalb davon ausgehen, dass 90 Prozent der Migranten, die aus tribalistischen Gesellschaften stammen, Macht oder öffentliche Gelder in erster Linie im Interesse ihrer Clans im engeren oder weiteren Sinne einsetzen und enormem Druck ihrer Clans in dieser Hinsicht unterliegen werden.

Nicht zuletzt basiert auf den gleichen Prinzipien auch die Tätigkeit kriminell-mafiöser Clans wie wir sie auch aus deutschen Städten wie Berlin kennen.

Die grundsätzlichen Regeln und Traditionen der Clans in Bezug auf die Ehre der Frauen werden gesondert in einem anderen Kapitel betrachtet.

Clan-Gesellschaften und Stadtstruktur

Haben Sie sich schon einmal gewundert, wie schwierig die Orientierung in einer orientalischen Stadt ist? Ursache dafür ist, dass die Struktur einer traditionellen orientalisch-muslimischen Stadt dem vorrangigen Bedürfnis unterlag, das Zusammenleben und den Zusammenhalt einer Sippe oder eines Clans zu organisieren, zu schützen und von der Außenwelt abzugrenzen. Das einzelne Haus ist nicht nach außen, sondern auf einen vollständig umbauten Innenhof ausgerichtet, wo sich das eigentliche, sowohl das private als auch das halb-öffentliche Leben innerhalb des Clans oder der Sippe abspielt. Deshalb kann dieses Haus gut und gerne auf Fenster zur Straße, zum tatsächlich öffentlichen Raum hin, verzichten. Dieser Umstand bietet dem Clan zugleich Schutz und Sicherheit, was durch zahlreiche Sackgassen und Windungen der Wege noch verstärkt wird. Deshalb empfindet der Europäer orientalische Altstädte oft als chaotisch.

So bleibt der Raum außerhalb des Atrium-Hauses für dessen Bewohner weitgehend unwichtig. Man kann das auch daran erkennen, dass man im arabischen Raum eigentlich nie spielende Kinder auf der Straße oder einem öffentlichen Kinderspielplatz zu sehen bekommt. Der private Bereich dominiert den öffentlichen Raum und zwingt ihm seine Logik auf. Daraus ergibt sich das oft bis heute bestehende Desinteresse an einem sauberen, angenehm wirkenden, ästhetischen öffentlichen Raum in orientalisch-muslimischen Städten, was man ja inzwischen auch in entsprechenden Vierteln europäischer Großstädte beobachten kann. Dafür wird innerhalb der Häuser und des Atriums umso mehr auf Sauberkeit und Ästhetik geachtet.

Demgegenüber war in Europa die Herausbildung der Städte zumeist von der Gewinnung der Freiheit von Leibeigenschaft (»Stadtluft macht frei«) und der Herausbildung einer entsprechenden Selbstverwaltung und eines neuen Selbstbewusstseins der Städte und ihrer Bewohner begleitet. Der deutsche Begriff »Stadtrecht« weist ebenfalls darauf hin und die Gewährung und Ausübung dieses Rechts hatte eigentlich wenig damit zu tun, wie groß die städtische Siedlung war. Aus diesem Geist entstand auch die herausragende Bedeutung des öffentlichen Raumes in diesen Städten, in dem sich die Bürger begegneten und miteinander kommunizierten, wo Markt gehalten und wo die städtischen Bräuche und offiziellen Rituale vollzogen wurden. Deshalb sind auch die Häuser diesem öffentlichen Raum zugewandt, ihm sogar zumeist in ihren Dimensionen angepasst und untergeordnet. Aus diesem Grund genießt der öffentliche Raum hierzulande auch besondere Aufmerksamkeit und Pflege.

Die Religion ist überall

Christentum versus Islam

Ausgehend von meinen alltäglichen Erfahrungen mit dem Islam, während meines Aufenthalts im Nahen Osten, kann ich berichten, dass ich im Großen und Ganzen keinen gravierenden Unterschied zum Christentum erkennen konnte – wenn man den Islam mit dem europäischen Christentum vor rund 700 Jahren vergleicht. Dann sind sie sich nämlich ganz und gar nicht unähnlich.

Gestützt wird meine These bereits durch die Tatsache, dass der Islam etwa 600 Jahre jünger ist als das Christentum und die islamische Zeitrechnung derzeit (2018) das Jahr 1439 schreibt. Wenn man davon ausgeht – und das Studium der Geschichte bestätigt dies – dass auch menschliche Institutionen (einschließlich Imperien, Staaten, Religionen, Theorien, Firmen etc.) einen Entwicklungs- und Reifeprozess durchmachen, dann passt dies auf den Vergleich zwischen Islam und Christentum recht genau.

Sicher kann und muss man hier natürlich nicht mathematisch präzise herangehen, denn geistige, soziale und politische Prozesse sind viel unschärfer. Das ändert aber nichts am Prinzip. Diese Entwicklungsprozesse schließen neben Aufstieg und Reife natürlich auch die Möglichkeit der allmählichen Degradation und des Untergangs einer bestimmten menschlichen Institution ein.

Eine interessante und sehr kompetente Bestätigung meiner These erhielt ich durch den Vortrag des ägyptischen Gelehrten Nader

Fergany auf einer internationalen Konferenz in Amman im Dezember 2003 zum Thema des interkulturellen Dialogs zwischen Orient und Okzident, zu der ich als Gast eingeladen war.[5] Fergany ist der verantwortliche Autor des sehr renommierten ersten »Berichts der Vereinten Nationen über die Menschliche Entwicklung« (Human Development Report) von 2002, der sich auf die gesamte arabische Region bezieht. Sein Vortrag auf der Konferenz gipfelte in der These, dass die Araber ihr Mittelalter noch nicht abgeschlossen hätten. Er bat die Europäer in diesem Zusammenhang um historische Geduld im Umgang mit ihnen.

Letztlich möchte ich zur Stützung meiner These auch auf die in der Einleitung enthaltenen Ausführungen zur »Gleichzeitigkeit der Ungleichzeitigkeit« verweisen.

Was sind denn aber die Hauptmerkmale, nach denen man die beiden Religionen unter der oben genannten Voraussetzung vergleichen kann? Ich möchte hier vor allem die folgenden fünf Aspekte nennen:

1. Absolute Omnipräsenz der Religion in allen Bereichen der Gesellschaft, ganz gleich ob öffentlich oder privat.
2. Absoluter Anspruch der Religion auf die einzige und alleinige Wahrheit. Der Zweifel als solcher ist grundsätzlich ausgeschlossen, insbesondere an der Religion oder Teilaspekten derselben.
3. Wer sich nicht zum »einzig wahrhaftigen« Glauben bekennt, gilt als Ungläubiger und obliegt zumindest der Verdammnis der Hölle (oft aber auch viel größeren Prüfungen im Leben selbst).
4. Verbreitete Grausamkeit, insbesondere auch durch Verfolgung und Strafe (z. B. Inquisition, Folter, Hexenverbrennungen versus Scharia, inklusive Köpfen, Steinigung, Auspeitschung etc.).

5. Ausgeprägter Drang zur Ausdehnung des Herrschaftsgebietes der eigenen Religion.

Ich denke, dass alle aufgeführten Punkte für sich sprechen und keiner weiteren Erläuterung bedürfen.

Letztendlich lässt sich all dies auf einen einzigen Punkt reduzieren: Der Westen hat mit der Aufklärung einen bis in die Neuzeit anhaltenden geistigen, wissenschaftlichen, wirtschaftlichen und politisch-sozialen Aufbruch erlebt. Voraussetzung dafür waren der schrittweise Durchbruch des Zweifels und die Akzeptanz der Vernunft als Maßstab menschlichen Handelns. Gleichzeitig wurden Religion und Christentum nach und nach relativiert, in Anpassung an die Veränderungen in der Gesellschaft auch transformiert (man kann auch sagen »modernisiert«) und sehr stark aus dem öffentlichen Leben ins Private verdrängt. Damit einher ging eine Säkularisierung der Gesellschaften in Europa, die in den letzten beiden Jahrzehnten stark an Aufschwung gewonnen hat, ob zum Guten oder Schlechten sei hier dahingestellt.

Die Gesellschaften des Orients kennen im Kontrast dazu keine Epoche der Aufklärung, weder den Zweifel an der Religion, noch das Postulat der »menschlichen Vernunft«. Der Begriff der »Vernunft« ist im Nahen Osten auf eigentümliche Weise »abwesend« und mir während meines dortigen Aufenthaltes wohl nicht ein einziges Mal untergekommen.

In dieser Hinsicht sind die Gesellschaften des Orients über viele Jahrhunderte hinweg entwicklungshistorisch auf dem gleichen Stand verharrt, wodurch sich auch die Stellung und Rolle der Religion in der Gesellschaft kaum verändert hat. Sie lebten über diesen Zeitraum größtenteils isoliert und nur auf sich selbst bezogen. Es handelt sich beim Islam also um eine dem Christentum eher ähnliche monotheistische Religion, die jedoch bisher über das (eigene) Mittelalter nicht hinausgekommen ist.

Die Christen des Orients, die in Jordanien etwa zehn Prozent der Bevölkerung ausmachen, sind aufgrund ihrer Verwurzelung in den muslimisch dominierten Clan-Gesellschaften zwangsläufig ebenso in dieser Zeitfalle verfangen.

Dem steht nicht entgegen, dass die islamische Welt im 10. Jahrhundert eine Blütezeit hatte und weltweit an der Spitze der Zivilisation und Gelehrsamkeit stand, wovon auch andere Zivilisationen profitiert haben. Geschichte, die uns sehr viel lehren kann und in der heutigen Fixierung auf die Gegenwart ein wenig aus der Mode ist, widerspiegelt nun einmal ein ewiges Auf und Ab, und die Erkenntnis, dass nichts ewig währt.

Entwicklungshistorisch kommt erschwerend hinzu, dass der Islam zusätzlich durch jahrtausendealte Clan- und Stammesregeln belastet ist, die er in der Phase seiner Etablierung in sich aufgenommen und nicht nur bis heute bewahrt, sondern zum unmittelbaren Bestandteil des Glaubens selbst gemacht hat.

Wenn man nun auf den Vergleich der beiden Religionen mit den oben genannten historischen Verschiebungen zurückkommt, so wird dem aufmerksamen Beobachter deutlich, dass sie sich gegenseitig nicht mehr sehr viel nehmen, weder in den großen Kategorien (Gott, Paradies, Hölle, Fastenzeit etc.) noch in der täglichen Religionsausübung. Bei den verbleibenden Unterschieden handelt es sich letztendlich zumeist nur noch um Nuancen, die man gegebenenfalls auch regional oder kulturell erklären könnte und die den innerhalb des Christentums selbst bestehenden Abweichungen entsprechen (z. B. die verschiedenen Ausprägungen der Orthodoxie oder die Unterschiede zwischen Orthodoxie und Katholizismus). Es scheint mir als Unterschied am Ende nicht mehr prinzipiell wichtig, ob ich zweimal am Tag bete oder fünfmal, ob ich dabei die Hände falte oder am Boden knie oder ob ich am Freitag oder am Sonntag in die Moschee oder Kirche gehe.

Ich bin natürlich kein Fachmann, weder Islamwissenschaftler noch christlicher Theologe. Die detaillierte Analyse werde ich deshalb den Fachleuten überlassen.

Die Frage in diesem Zusammenhang ist, was passiert, wenn die islamische Mischung aus Antike und Mittelalter plötzlich in die entwickelte, aufgeklärte und liberale moderne Gesellschaft versetzt wird. Mir fällt da als Metapher nur Chinas Versuch des »Großen Sprungs nach vorn« unter Mao Zedong ein (1959–1961), der nicht gerade sehr erfolgreich geendet hat. Solche Prozesse der Anpassung brauchen, um erfolgreich zu sein, selbst im heutigen Zeitalter der Globalisierung und der Beschleunigung viel Zeit, für die man als Maßstab eher ein Vielfaches an menschlichen Generationen als an Jahren oder Jahrzehnten ansetzen sollte.

Etwaige Anpassungsprozesse an die Moderne werden zusätzlich noch dadurch gebremst, dass bisher die Mehrzahl der Muslime überall dort, wo sie von einer eher aufgeklärten Gesellschaft umgeben sind (wie in Europa oder in der ehemaligen Sowjetunion), anstatt sich allmählich an derselben zu orientieren und anzupassen, sich im Gegenteil von dieser eher abschotten. So entstehen oft muslimisch (d. h. im o. g. Sinne vor-modern) geprägte Inseln und Parallelwelten, die sich im Laufe der Zeit in ihrer vor-modernen Lebensweise eher selbst bestätigen und verfestigen. Oft erwächst daraus sogar die Forderung an die liberale aufgeklärte Umgebungsgesellschaft, diese möge zu den seit dem Mittelalter abgestreiften Regeln und Lebensweisen zurückkehren bzw. diese unter dem Tarnmantel der Religionsfreiheit oder kulturellen Identität als gleichberechtigt akzeptieren. Gleichzeitig wird der Anspruch, dass der Islam die einzig wahre Religion sei, nicht aufgegeben und auch praktiziert, genauso wie er vom Christentum bis ins Mittelalter hinein vertreten wurde.

Ich kann mich gut erinnern, wie einmal die Tochter eines Bekannten, die in Amman eine Eliteschule besuchte, verstört nach Hause kam und berichtete, man habe ihnen in der Schule beigebracht, dass alle Nichtmuslime zwangsläufig im Fegefeuer der Hölle enden würden. Ich habe diesen Vorfall einmal in einem Gespräch mit einem Bildungsminister der Region angesprochen, bei dem es um die Umsetzung der Ziele und Aufgaben von UNESCO-Projekt-Schulen ging, die sich in besonderer Weise der internationalen, interreligiösen und interkulturellen Verständigung widmen. Der Minister erwiderte darauf, im Westen werde in den Schulen ja auch gelehrt, dass alle Muslime Terroristen seien – eine Schutzbehauptung, die jeglicher Grundlage entbehrte.

Der von mir in der Einleitung zitierte italienische Bekannte war mehrere Jahre für ein Entwicklungsprojekt im Sudan tätig. In dessen Rahmen arbeitete er mit drei sudanesischen Ingenieuren zusammen, die ihm eines Tages erklärten: Er sei für sie persönlich wie ein Bruder. Sollte es jedoch zu einer Auseinandersetzung zwischen Muslimen und Christen kommen, dann müssten sie ihn töten.

Während im Rahmen der genannten Zeitverschiebung das

Christentum und andere Religionen mühsam gelernt haben, Toleranz zu predigen und zu praktizieren, hat der Islam dieses Stadium größtenteils noch nicht erreicht. Mir ist jedoch aus Erfahrung klar geworden, dass Toleranz nur auf Gegenseitigkeit beruhen kann.

Das heißt natürlich nicht, dass es in verschiedenen Gesellschaften nicht unterschiedlich strenge Auslegungen der islamischen Regeln gäbe. Als ich während meiner Tätigkeit im Nahen Osten einmal auf Dienstreise in Tunesien war, konnte ich beobachten, dass sich Paare in der Öffentlichkeit weitaus freizügiger bewegten als im Nahen Osten. Eine Touristenführerin erklärte dazu ungefragt, dass man die Tunesier im Nahen Osten nicht für gute Muslime halte. Die Ursache für die liberalere Haltung ist wohl darin zu sehen, dass zumindest die tunesische Gesellschaft in den Küstenstädten historisch weitaus weniger von Clans und deren Regeln geprägt ist. Allerdings bleibt unklar, inwieweit der Aufschwung der Islamisten nach dem sogenannten »Arabischen Frühling« nicht letztendlich zu einer umgekehrten Entwicklung geführt hat.

Neben den aus der genannten Zeitversetzung resultierenden Unstimmigkeiten möchte ich jedoch noch auf folgende von mir beobachteten Unterschiede zwischen Islam und Christentum hinweisen:

Zum einen kennt man im Islam keine, den christlichen Kirchen entsprechende feste, institutionelle, hierarchische und administrative Struktur, die alle Gläubigen automatisch und formal einbindet. Hier herrscht eher ein gewisses Chaos des Individuellen (man kann es auch »Freiheit« nennen). Der gläubige Muslim wendet sich direkt an Gott und die Gemeinschaft der Gläubigen ist eher eine religiös-geistige denn eine rechtlich oder organisatorisch formalisierte Einheit. Die geistige Autorität geht eher von geistlichen Führern oder islamischen Rechtsgelehrten aus, die den Koran den Bedürfnissen entsprechend auslegen und Verhaltensregeln aufstellen.

Vor diesem Hintergrund wird klar, dass es im Islam wohl kaum eine der lutherischen Reformation ähnliche Reform wird geben können, denn letztendlich – bei allen damit verbundenen inhaltlichen und geistigen Veränderungen – handelte es sich dabei wesentlich um eine institutionelle Reform, ging doch hieraus eine neue Institution, eine neue Kirchenorganisation hervor (tatsächlich sogar viele neue Kirchen). Eine Reformierung des Islam im Sinne einer Anpassung an die Erfordernisse der Moderne und der Befreiung von jahrhundertealtem Ballast müsste deshalb eher auf religiös-geistiger Ebene vollzogen werden, ein viel komplizierteres und langfristigeres Unterfangen.

Ein nach meiner Auffassung bestehender weiterer, auch im Alltag bedeutsamer Unterschied liegt im Verständnis der Kategorie »Schuld« (oder Sünde).

Im Hinblick auf die »Erbsünde« und vielleicht gerade wegen Jesus' Selbstopferung, um die Gläubigen von ihren Sünden zu befreien, ist das Phänomen der »Schuld« vor allem im Christentum permanent präsent. Es wird als Verpflichtung gegenüber Gott betrachtet, keine Schuld auf sich zu laden bzw. permanent Erlösung von der Schuld zu suchen – was auch immer man darunter versteht. Nach meinem Empfinden betrifft dies besonders, wenn auch nicht nur, die von den reformierten (protestantisch-evangelischen, lutherischen, calvinistischen etc.) Glaubensgemeinschaften wesentlich geprägten Gesellschaften. In katholisch geprägten Ländern oder Landesteilen wird dieses Phänomen wohl durch die Institution der Beichte deutlich abgemildert. Oft unterschwellig, mehr oder weniger offensichtlich, durchdringt dort eine Art Schuldfixierung nachhaltig moralisch und historisch das persönliche und öffentliche Leben und ergießt sich in einen rigorosen Moralismus, der dazu oft noch mit missionarischem Eifer daherkommt. In Deutschland, wo vor allem der strenge norddeutsche Protestantismus den eher fröhlichen, lebenszugewandten rheinischen Katholizismus der alten BRD nach der Wiedervereinigung als gegenwärtig einflussreichste geistige Haltung und Mentalität abgelöst hat, kann man das derzeit sehr gut beobachten: Anstatt einfach das Leben zu lieben, wird inzwischen beinahe jede alltägliche Handlung im Leben – vom Essen bis zur Müllverwertung – einer Prüfung unterzogen, ob man sich damit nicht irgendeine persönliche Schuld auflädt. Diese schon Beinahe-Paranoia betrifft Atheisten nicht weniger als gläubige Christen, da dies bereits zur allgemeinen Mentalität wurde und auch für die neuen »Ersatzreligionen« wie Klimawandel oder politische Korrektheit gilt. Gleichzeitig wird dies, von den Medien befeuert, ständig ins Gesellschaftlich-Politische mit Konsequenzen für Innen- wie Außenpolitik übertragen.

Nach dem, was ich beobachten und erfahren konnte, kennt der Islam keinen solchen Schuldkomplex. Das menschliche Tun, die menschliche Sünde betrifft im Islam Gott eigentlich nicht und es gibt keinen allgemeinen Sündenfall mit Auswirkung auf alle Gläubigen. Der Mensch kann dabei Allah durch gute Werke gefallen und soll möglichst das Böse meiden. Gleichzeitig gilt als selbstverständlich, dass der Mensch sich für seinen eigenen Vorteil einsetzt. Ein Muslim kennt deshalb kein permanentes Schuldgefühl, weder persönlich noch historisch. Gleichzeitig leidet die muslimische Gemeinschaft nicht an historischer, kollektiver oder struktureller Schuld, die es durchaus gegeben hat oder noch gibt, wie z. B. Sklavenhandel oder Rassismus. Die Ursachen für eigene Defizite werden gerne auch anderen zugewiesen. Die einzige unverzeihliche und die

Lebensberechtigung im Diesseits und Jenseits entziehende Sünde wäre jene, dem einen und einzigen Gott andere Götter zur Seite zu stellen. Hieraus ergibt sich eine deutlich andere, stärker auf den eigenen Nutzen und den Lebensgenuss ausgerichtete Lebenshaltung. Für Muslime gilt auch nicht, was den Christen in der Bergpredigt nahegelegt wird, nämlich wenn man auf die eine Wange geschlagen wird, auch die andere hinzuhalten. Obwohl Selbstjustiz im Islam eigentlich verboten ist, spielen Rache und sogar Blutrache vor dem Hintergrund der letztendlich vom Islam geduldeten Clan-Regeln noch eine ausgeprägte Rolle, auch im alltäglichen Umgang.

Interessant in diesem Zusammenhang ist, was mir dazu eine junge Frau jüdischen Glaubens aus Israel berichtete, die mit einer jungen Palästinenserin und Muslimin aus Israel in der Schule befreundet war. Die Jüdin fragte die Muslimin, was man auf persönlicher Ebene tun könne, um die Auseinandersetzung zwischen israelischen Juden und Palästinensern endgültig zu befrieden. Die Antwort war, man könne gar nichts tun, da ihre (palästinensische) Familie (Clan) ein jahrhundertelanges Gedächtnis habe und sich immer jemand aus der jüdischen Familie finden lasse, der einem ihrer Vorfahren etwas angetan habe. Dies verjähre nie und würde auf jeden Fall irgendwann gerächt.

Nicht zuletzt besteht ein auch im Alltag bedeutsamer Unterschied darin, dass der Gläubige im Islam keinen freien Willen hat, sondern Allah auf Gedeih und Verderben ausgeliefert ist. Bereits die Bezeichnung »Islam« deutet auf das Ziel der völligen Unterwerfung unter Allah hin. Siehe hierzu auch das Kapitel »Überzeugte Fatalisten«.

Nach diesen etwas prinzipielleren und verallgemeinernden

Eindrücken und Überlegungen möchte ich nun auf einige eher alltäglichen Beobachtungen zurückkommen.

Religion im Alltag

Für den Mitteleuropäer, ob gläubig oder nicht, ist es normal, dass zwar die kirchlichen Feiertage ob ihres Zusammenhangs mit dem Mondkalender beweglich sind, aber wir wissen doch im Voraus, welcher Feiertag in welchem Jahr auf welchen Tag fällt. Dies ist darauf zurückzuführen, dass sich die Religionsgemeinschaften in Bezug auf ihre Feiertage auf mathematisch-astronomische Berechnungen der Erd- und Mondzyklen verlassen.

Das ist natürlich für die persönliche Planung bedeutsam, noch mehr aber für eine moderne funktionierende Wirtschaft und Industriegesellschaft, in der ein Rad in das andere greift und Tausende von Abhängigkeiten untereinander bestehen. Die zumeist im 19. Jahrhundert erfolgte Festlegung einer einheitlichen Zeit für ein Land oder Teile davon ist ein Beispiel dafür, wie man sich an den Takt der aufkommenden Industriegesellschaft anzupassen wusste.

Nicht so im Nahen Osten. Dort wird ein Feiertag erst dann ausgerufen, wenn die dazu berufenen Theologen den Mond tatsächlich mit den Augen am Himmel sichten. Sollte zum kritischen Zeitpunkt der Himmel gerade von Wolken bedeckt sein und den Mond verhüllen, so wird der Feiertag so lange verschoben bis der Himmel aufreißt. Daher weiß man nie genau, ob der Feiertag zum erwarteten Datum oder ein, zwei Tage später ausgerufen wird. Dies ist ein weiterer Beweis für die offenbar unbegrenzte Resilienz der jahrtausendealten

Regeln.

Wer sich regelmäßig von den Kirchenglocken gestört fühlt, die einen in manchen Gegenden Deutschlands oder seiner Nachbarländer früh morgens aus dem Schlaf reißen, der wird sich nach einem längeren Aufenthalt im Nahen Osten sehnlichst zu diesen zurückwünschen. Der morgendliche Ruf des Muezzins, der heute zumeist über Lautsprecher (im wahrsten Sinne des Wortes) und vorab aufgezeichnet erfolgt, ergeht nämlich bereits zu Sonnenaufgang – das kann schon so gegen vier Uhr morgens sein. Zur Tortur kann es jedoch werden, wenn sich gleich mehrere Moscheen in der Nähe befinden und diese sich nicht auf eine einheitliche Zeit des Sonnenaufgangs geeinigt haben.

Mir ist dies in den ersten Monaten unseres Aufenthalts passiert, als mir ein jordanischer Kollege freundlicherweise sein Haus vermietete, bis ich selbst eine entsprechende Wohnung gefunden hatte. In dieser Zeit wurde ich immer kurz nach vier Uhr von der ersten Moschee unsanft aus dem Schlaf gerissen. Nachdem der Ruf des ersten Muezzins nach gefühlten zehn Minuten verstummt und ich wieder eingeschlafen war, begann der Muezzin einer zweiten Moschee vom Sonnenaufgang zu künden und die Gläubigen zum Gebet zu rufen. Dies wiederholte sich dann noch ein drittes Mal.

Ich war mehr als glücklich, als ich diese Gegend verlassen konnte und in der neuen Wohnung davon nichts mehr mitbekam.

Ansonsten sind Gebet und Religion allgegenwärtig: Kein Flug, keine Unterrichtsstunde beginnt ohne Gebet, keine Versammlung, Sitzung, Tagung, kaum ein offizielles Schriftstück – zumindest nicht ohne den Satz »Im Namen Allahs, des Gnädigsten und

Barmherzigsten«. In allen öffentlichen Einrichtungen wie Bürohäusern, Ämtern, Krankenhäusern, Schulen, Flugplätzen usw. gibt es spezielle Gebetsräume.

Ein Erlebnis im Flughafen von Amman blieb dabei in besonderer Erinnerung: In der Region wurden Sicherheitskontrollen für Frauen und Männer stets über streng getrennte Passagen vorgenommen. Die Frauen wurden von Frauen in schwarzer Kleidung mit Tschader kontrolliert, die Männer in der auch in Europa üblichen Weise nur von Männern. Wenn meine Frau und ich einmal einen Flug antreten wollten, mussten wir uns an dieser Stelle gewöhnlich vorläufig trennen, um dahinter wieder zusammenzukommen. Jeder hatte natürlich sein eigenes Handgepäck dabei.

Einmal war meine Frau schneller abgefertigt worden als ich und als sie unmittelbar hinter der Kontrollzone auf mich wartete, forderte ein uniformierter männlicher Beamter sie auf, ihm ihre Reisetasche zwecks Kontrolle auszuhändigen. Dies geschah, obwohl vom Gepäckscanner nichts angezeigt worden war. Wenn er etwas angezeigt hätte, dann wäre eine solche Nachkontrolle nur einer Frau erlaubt gewesen. Es sah ganz danach aus, dass der Mann auf eigene Initiative handelte und meine Frau bewusst provozieren wollte. In diesem Moment stieß ich hinzu und wollte ihn noch durch den Hinweis auf meinen diplomatischen Status davon abbringen, die Tasche zu öffnen. Er war aber in seinem Drang schon nicht mehr aufzuhalten, öffnete die Reisetasche von oben und begann, deren Inhalt herauszunehmen. Bereits bei der zweiten Schicht stieß er auf Unterwäsche meiner Frau. Sichtlich erstaunt und beeindruckt hob er die Wäsche mit beiden Händen langsam und vor den Augen aller Reisenden sichtbar in die Höhe. Erst danach legte er das gute Stück zurück in die Tasche, worauf er mir diese überließ. Daraufhin fiel er, mitten im Strom der Fluggäste, auf die Knie, um außerplanmäßig zu beten. Bis zum Gebetsraum des Flughafens hätte er es nach diesem Schock wohl kaum mehr geschafft.

Am konzentriertesten kommen die Feinheiten der Religionsausübung natürlich während des Fastenmonats Ramadan zum Ausdruck, dem neunten Monat des islamischen Kalenders. Wie auch das Christentum hat der Islam seine Fastenzeit. Sie dauert einen Mond-Monat lang. Abgeschlossen wird dieser vom dreitägigen Fest des Fastenbrechens (Eid al-Fitr). Wegen des Bezuges des Ramadans auf den Mondkalender »wandert« er faktisch mit der Zeit durch das ganze Jahr.

Die Grundidee des Fastens ist es, von Sonnenaufgang bis Sonnenuntergang nichts, aber auch gar nichts zu sich zu nehmen, vor allem nichts zu essen und nichts zu trinken. Nicht wenige befürchten deshalb, bereits beim Duschen oder Zähneputzen unbewusst verspritztes Wasser durch den Mund aufzunehmen und hinunterzuschlucken. Sie alle verzichten daher gerne während des Ramadans zumindest am Morgen und tagsüber auf diese Prozeduren der Körperpflege. Man bekommt dies regelmäßig unangenehm zur spüren, vor allem, wenn man plötzlich neben einem solchen Menschen im Flugzeug sitzt. Verboten ist ebenfalls das Rauchen. Auch für Nichtmuslime, die die Regeln des Ramadans nicht befolgen, ist es während des Ramadan tabu, entsprechende Handlungen wie Essen, Trinken oder Rauchen in der Öffentlichkeit vorzunehmen. Dafür kann man sogar offiziell bestraft werden. Auch die Fluggesellschaft »Royal Jordanian« hielt sich an diese Regel und servierte Essen und Getränke erst nach Einbruch der Dunkelheit nach jordanischer Zeit.

Demgegenüber darf man zwischen Sonnenuntergang und

Sonnenaufgang soviel Speis und Trank zu sich nehmen, wie man möchte und verträgt. Deshalb werden die Abende und Nächte dann stets zum Festgelage. Man versucht, das Defizit des Tages auszugleichen und eventuell wohl auch bereits für den nächsten Tag »vorzuessen«. Am Ende des Fastenmonats haben dann viele der Fastenden nicht nur kein Gewicht verloren, sondern an Kilos dazugewonnen. Da man unter der traditionellen, untaillierten Bekleidung, die vor allem in den Golfstaaten noch weit verbreitet ist, den Zuwachs an Bauchumfang sehr lange weder spürt noch sieht, wird das Malheur oft erst nach Jahren zur Kenntnis genommen.

Das tägliche Fastenbrechen findet dabei nicht nur zu Hause und in den Restaurants, sondern auch in zahlreichen improvisierten Stellen im öffentlichen Raum statt. Eine gute Tradition ist es dabei, auch an die Armen und wenig Begüterten zu denken und sie zum Fastenbrechen einzuladen.

Man kann natürlich die Leiden eines Fastenden nachempfinden, je nach Jahreszeit zwischen zehn und sechzehn Stunden am Tag nichts zu sich zu nehmen. Dazu gehören sicher ein fester Glaube und viel Kraft. Entsprechend mürrisch ist die Stimmung und niedrig die Bereitschaft, darüber hinausreichende Leistungen zu vollbringen, beispielsweise in der Arbeit. Insofern ist der Ramadan eine wirtschaftlich eher unproduktive Zeit. Hierzu später noch mehr.

Während des Ramadans, der auch eine Zeit gesteigerter Religiosität ist, werden gerne gemeinschaftliche Gebete in den verschiedenen Einrichtungen abgehalten. Auch unser UNESCO-Büro war davon betroffen. Diese gemeinsamen Gebete wurden »spontan« organisiert, ohne sie anzumelden, und der ungläubige Direktor wurde auch nicht um Erlaubnis gefragt. Ich musste allerdings eingreifen, als mir ein christlicher Mitarbeiter berichtete, dass in die gemeinschaft-lichen Gebete auch der von der jordanischen Regierung bestellte und mit einer Maschinenpistole ausgestattete Wachmann einbezogen wurde, dessen Aufgabe es eigentlich war, für unsere Sicherheit zu sorgen und den Eingang zum UNESCO-Büro zu bewachen. Obwohl der Islam den Gläubigen erlaubt, unter bestimmten Umständen die Gebetsvorgaben nicht einzuhalten, z. B. auf Reisen oder wenn man auf Wache ist, hatten der Ordnungshüter und die Gemeinde der Gläu-bigen im Büro gemeint, dass man eher auf den Schutz gegen Terro-risten als auf das Gebet verzichten könnte.

Auch wenn es in Jordanien nicht von allen so ganz ernst genom-men wird, so ist der Genuss von Alkohol den Muslimen doch verbo-ten. Im Ramadan wird dieses Verbot allerdings besonders ernst ge-nommen. Ich erlebte dies im ersten Jahr in Amman. Da man zu jener Zeit viele Dinge vor Ort nicht kaufen konnte – von Möbeln über Wein bis zu sauberem Wasser – nutzte ich einen speziell für Diplomaten in aller Welt agierenden dänischen Versandhandel, um zu bestellen, was nach unserem Umzug noch fehlte. Ich erinnere mich, dass neben ei-ner Schlafcouch und einem »Clavinova« auch einige Kartons Wein zur Bestellung gehörten. Leider hatte sich die gesamte Lieferung ver-zögert, weil man im Büro die notwendigen Formalitäten unterschätzt hatte. Nun hieß es aber, dass die Ladung angekommen sei und auf dem Flugplatz in der orientalischen Sonne gelagert werde. Umso mehr drängte ich auf eine umgehende Lieferung. Jeden Tag fragte ich bei meiner Assistentin nach, jeden Tag kam sie mit einer anderen Er-klärung, weshalb es noch nicht geklappt hatte. Dann verlor ich die Geduld und sagte ihr, dass ich selbst mit dem Chef des Zolls reden wolle, wenn die Lieferung nicht am nächsten Tag erfolge. Erst so in die Ecke gedrängt bekannte die Assistentin, dass das einzige

Hindernis für die Lieferung darin bestand, dass die Mitarbeiter am Flughafen die Weinkartons wegen des vor wenigen Tagen begonnenen Ramadans nicht berühren wollten. Das Problem konnte jedoch gelöst werden, indem sich die christlichen Mitarbeiter des Büros bereit erklärten, den Transport des Weines zu übernehmen.

In Vorbereitung des viertägigen Opferfestes (Eid al-Adha), dem anderen großen Feiertag im Islam, füllen sich die Plätze der Stadt mit provisorischen Gattern voller Schafe. Die Szenerie erinnerte mich an die Vorweihnachtszeit in Deutschland, zu der sich überall auf Straßen und Plätzen Verkaufsstände für Weihnachtsbäume ausbreiten, nur dass es sich hier um lebende Tiere handelt. Es ist die Tradition, wie schon der Name des Festes besagt, ein Tieropfer, zumeist in Form eines Schafes, zu bringen und es mit der Familie und Verwandten zu verspeisen, auch teilweise an Arme zu verteilen. Die vielen kleinen Schafherden in der Stadt sind für unsereiner ein etwas trauriger Anblick, zumal die Tiere auch zumeist gleich vor Ort geschlachtet werden. – Andere Länder, andere Sitten.

Frauen als Opfer, wenn auch nicht nur

Die prägnanteste Charakteristik über die Rolle der Frauen in arabischen Clan-Gesellschaften formulierte wohl eine junge Französin, der wir in Amman begegneten. Sie war mit einem Einheimischen verheiratet und lebte als dessen Ehefrau seit Jahren in der Stadt. Auf die Frage, wie es ihr so gehe, antwortete sie kurz und knapp: »Ich fühle mich, als wäre ich durchsichtig und werde daher ständig übersehen, einfach nicht wahrgenommen, so als wenn es mich gar nicht gäbe.«

Die Tatsache, dass Jordanien bei Weitem nicht das unfreieste Land für Frauen im Nahen Osten ist, macht diese Aussage umso dramatischer. Immerhin gehen die Frauen dort in der Regel unverschleiert, wenn auch meist mit Kopftuch auf die Straße, viele sogar in Jeans. Nicht wenige junge Frauen sind beruflich tätig.

Damit wird deutlich, dass trotz relativ günstiger politischer Umstände, einschließlich einer auf moderne Art öffentlich tätigen Königin Rania und der Abwesenheit speziell diskriminierender Zwangsmaßnahmen gegen Frauen (wie in Saudi-Arabien oder im Iran üblich) im Alltag eine sehr unterschwellige und dafür umso stärker wirkende Eingrenzung der Frauen besteht.

Die Ehre der Frauen und ihr Schutz

Im Mittelpunkt aller die Frauen in islamisch-tribalistisch geprägten Gesellschaften betreffenden Probleme, steht das gesellschaftliche Konstrukt der »Ehre der Frau«, ihre »Unberührtheit«, die unabdingbar an die Ehre der Familie (oder des Clans) gebunden ist. Alle hiermit verbundenen sozialen Normen und Traditionen stechen durch extremen Konservatismus, absolute Kompromisslosigkeit und vor allem auch Grausamkeit hervor.

Besonders unbarmherzig ist dabei die gezielte Tötung einer Frau, sobald ihre Ehre gefährdet scheint. Allein schon die Weigerung einer jungen Frau, den für sie ausgesuchten Bräutigam zu heiraten, reicht aus, ihr das Recht auf Leben zu entziehen. Wie in der Literatur hervorgehoben und auch durch offizielle Stellen bestätigt wird, geht es hierbei zumeist ausschließlich um die Wahrnehmung des angeblichen »Fehltritts« in der Gesellschaft oder im Clan (und nicht etwa um die gesetzlich-staatliche bzw. strafrechtliche Bewertung), da eine gesellschaftliche Ächtung (im Clan oder darüber hinaus) i. d. R. weit mehr gefürchtet wird als Sanktionen von Seiten des Staates. Es wird zudem betont, dass diese bis heute stark verbreitete Praxis weit in die vorislamische Zeit zurückgehe und eigentlich den Normen des Islam widerspreche, der jegliche Selbstjustiz verbiete. Gleichzeitig würde heute die beduinische Tradition der Bestrafung als illegitim angesehener sexueller Kontakte mit dem Tode in den meisten nahöstlichen Gesellschaften dazu missbraucht, jegliche Kontakte zwischen Männern und Frauen außerhalb einer Ehe zu verhindern bzw. zu kriminalisieren. So genügt nicht selten bereits der Verdacht für eine solche gesellschaftlich als verurteilungswürdig angesehene Handlung, um eine junge Frau »zwecks Rettung der Familienehre« umzubringen. Der zufällige gemeinsame Aufenthalt eines Mannes und einer Frau ohne Zeugen in einem abgeschlossenen Raum (z. B. einem Haus oder einem Zimmer) kann dabei schon als Vorwand dienen.

Mir persönlich ist es anfangs, als ich noch naiv genug war, mehrfach passiert, dass junge Frauen, die ich auf der Straße nach dem Weg fragen wollte, vor mir davonliefen. Die Ursache der Flucht dürfte wohl in der Furcht bestanden haben, in irgendeinen Verdacht zu geraten.

Die Ermordung der Frauen wird in der Regel einem nicht volljährigen jungen Mann der Familie aufgetragen, wozu dieser ggf. entsprechend unter Druck gesetzt wird. So kann eine gerichtliche Bestrafung des Täters vermieden oder ein nur sehr mildes gerichtliches Urteil erzielt werden. In vielen nahöstlichen Ländern werden solche »Ehrenmorde« ohnehin nicht strafrechtlich verfolgt, es sei denn, die Familie selbst fordert dies ausdrücklich.

Vermag die Frau zu fliehen so wird ihr solange nachgestellt, bis man ihrer wieder habhaft wird, nur um sie dann umzubringen. Oft wird dabei die Sehnsucht der jungen Frau ausgenutzt, nicht ganz den Kontakt zu allen Familienmitgliedern abzubrechen. Vor dem Hintergrund der starken Familienbande ist es ebenso grausam, dass eine unter diesen Umständen flüchtige junge Frau, um zu überleben, in der Regel ihre Identität wechseln und alle Kontakte mit dem Clan auf Lebenszeit abbrechen muss.

Wie inzwischen der hiesigen Öffentlichkeit bewusst ist, gilt all dies uneingeschränkt auch für die entsprechenden Migranten in Deutschland und in anderen Ländern Europas. Die Risiken für die jungen Frauen sind in gewisser Weise sogar höher, da die sie umgebende europäische Gesellschaft gänzlich andere Verhaltensnormen kennt und vorlebt und die jungen Frauen automatisch Kontakt mit dieser pflegen müssen, sei es durch Schule, Arbeit, gesellschaftliche Einrichtungen oder Wohnnähe. Umso ängstlicher und argwöhnischer werden vom Clan alle ihre Schritte verfolgt, oftmals Brüder »zum Schutz« auf ihre Spur gesetzt. Hierin liegt ebenfalls ein Grund für die gewisse Selbstisolation und entsprechend geschaffenen

Parallelwelten einiger Migranten, die vor dem »schädlichen Einfluss« der Umgebung schützen sollen.

Die deutsche, wie auch die westeuropäischen Gesellschaften insgesamt, haben bisher, auch unter dem Vorwand des Schutzes der Privatsphäre bzw. aufgrund der fortschreitenden Individualisierung der einheimischen Gesellschaften, kläglich versagt, den daraus notwendigen grundsätzlichen Schutz der Rechte dieser jungen Frauen, einschließlich ihres Rechts auf Leben, zu gewährleisten. Anstelle einer systematischen politischen, kulturellen und juristischen Bekämpfung dieses Phänomens erhalten die Täter in Gerichtsurteilen oft sogar noch einen »kulturellen Bonus« für ihre kriminellen Akte.

Insbesondere unter den arabischen Beduinen (aber – wie bekannt ist – auch in vielen anderen vor-modernen Gesellschaften) ist auch die Beschneidung der Mädchen weit verbreitet. So soll unerlaubten sexuellen Kontakten vorgebeugt und angeblich auch die Fruchtbarkeit der Frauen gesteigert werden. Für diese ebenfalls unter den betreffenden Migrantinnen in Europa üblichen Praktiken besteht in Deutschland und Europa durchaus ein gesellschaftliches Bewusstsein und eine gewisse Aufmerksamkeit. Gleichwohl tut sich der Rechtsstaat schwer, effektiv dagegen vorzugehen und diese Praktiken auf seinem eigenen Boden mit der Wurzel auszumerzen.

All dies knüpft an meine Thesen im vorigen Kapitel über die tief sitzenden jahrtausendealten vor-islamischen Clan-Regeln an, die die eigentliche Macht über die Menschen ausüben, sogar unabhängig von der Geografie. Dieser Umstand deutet auch darauf hin, dass weitreichende, grundsätzliche Veränderungen kaum innerhalb der nächsten zwei bis drei Generationen zu erwarten sind, selbst wenn in einem betreffenden Land heute die Gesetze auf den Stand internationaler

Standards gebracht würden.

Heirat und Ehe

Man kann davon ausgehen, dass bis heute nahezu alle Ehen in die-sen Ländern von den Eltern angebahnt werden und dass es – weit über den arabischen Raum hinaus – üblich ist, dass sich die Eheleute erst am Tag der Hochzeit kennenlernen dürfen. Es ist eher unwahr-scheinlich, dass dabei der Wille von Braut und Bräutigam in Betracht gezogen wird.

Mir erzählte ein Bekannter aus den Vereinigten Arabischen Emi-raten in einer Diskussion darüber, wie das Mobiltelefon das Leben verändert hat, Folgendes: Bei den angebahnten Ehen sei es auch dort strenge Regel, dass sich Braut und Bräutigam erst zur Hochzeit das erste Mal sehen und kennenlernen. Mit dem Aufkommen des Mobil-telefons unterwanderten nun viele dieses Gebot, besorgten sich auf irgendeine Weise die Handynummer des künftigen Ehepartners und träten bereits vor der Vermählung per SMS in Kontakt, sendeten sich auch Fotos zu. Damit die Eltern nicht dahinterkämen, löschten die jungen Leute unmittelbar nach jedem Kontakt alle Verbindungsdaten sofort wieder aus dem Telefon.

Die Ehefrau wird in diesen Gesellschaften traditionell in erster Li-nie als unantastbare und nahezu heilige Garantin für die Zeugung und Geburt von Nachkommen betrachtet und als deren Mutter verehrt, weit weniger als (Sexual-)Partnerin gesehen. So wird aus jeder von ihnen – der Vergleich kommt einem hier in den Sinn – eine Art »Jungfrau Maria« im goldenen Käfig gemacht, während manche junge Frau vielleicht lieber ein freies, partnerschaftliches, von sexueller Erfüllung geprägtes Ehe- und Familienleben vorziehen würde. Im Gegensatz dazu werden alle anderen Frauen eher als Freiwild oder gar Huren angesehen, insbesondere dann, wenn sie anderen Glaubens sind, und in der Praxis (soweit es das gesellschaftliche Risiko erlaubt) auch so behandelt.

Zum besseren Verständnis für den Leser kann dies durch den Bericht einer Frau belegt werden, deren Ehegatte sie nur etwa zwei bis drei Mal im Jahr zwecks Zeugung von Nachkommen begehrte, und zwar »wenn gerade die Sterne günstig standen.« (Dabei handelte es sich im Übrigen sogar um eine christlich-orthodoxe Ehe.)

Aus diesem und anderen Gründen war die betreffende Frau sehr unzufrieden mit ihrer Ehe und hat sich nach einigen Jahren um eine Trennung von ihrem Ehemann bemüht. Eine Ehe kann vonseiten der Frau jedoch nur sehr schwer aufgelöst werden. In diesem Fall hat sich jedoch der Vater der Ehefrau mit erheblichen finanziellen Mitteln für die Trennung eingesetzt und konnte somit einen entsprechenden Modus vivendi aushandeln. Geholfen hat auch, dass es sich um eine christlich-orthodoxe Ehe handelte. Trotz der Trennung behielt der Ehemann alle Vorrechte für das gemeinsame Kind und die Frau konnte bis zur Volljährigkeit des Sohnes nichts ohne die Einwilligung ihres geschiedenen Ehemannes entscheiden. Gleichzeitig musste sie sich selbst unter die juristische Vormundschaft ihres Vaters und nach dessen Tod unter die ihres Bruders begeben.

Viele Jahre nach der Scheidung und ohne einen neuen Ehemann gefunden zu haben (wer lässt sich dort schon auf eine geschiedene Frau ein, es sei denn, sie ist reich), hatte die Frau in der Mitte ihres Lebens ihren Traum von einer neuen Partnerschaft und Ehe noch nicht aufgegeben. Sie hatte einen interessanten Mann, einen Wissenschaftler kennengelernt, konnte ihm aber aufgrund der gesellschaftlichen Ächtung außerehelicher Kontakte nicht näherkommen. Sie vertraute sich ihrer Mutter an. Diese hatte Verständnis für ihre Tochter und deckte ein einziges heimliches Treffen mit dem neuen Verehrer. Als jedoch ihr Bruder erfuhr, dass sie den Mann eventuell ehelichen wollte, dieser aber Muslim sei, drohte er, sie und ihren Angebeteten umzubringen, wenn der Kontakt nicht sofort und ein für alle Mal abgebrochen würde. Diese durchaus ernst gemeinte Drohung erschreckte die beiden bis ins Mark und sie hielten sich künftig voneinander fern.

Das Beschriebene ist kein Einzelfall und eher typisch für die Unmöglichkeit der Anbahnung von Kontakten durch die Betroffenen selbst, eher untypisch jedoch für seinen relativ friedlichen Ausgang, was wohl in erster Linie auf den christlich-orthodoxen Hintergrund zurückzuführen ist. In der Mehrzahl der Fälle wären die Folgen wohl weitaus dramatischer und grausamer gewesen.

Der muslimische Mann braucht übrigens nur dreimal in verschiedene Richtungen das Wort »Talgak« auszusprechen und hat damit die Ehe gelöst. Aus diesem Grunde ist es seit Menschengedenken Brauch, dass die Ehefrau alle ihre Schätze – hauptsächlich Schmuck – stets am Körper trägt, denn nur diese kann sie in einem solchen Fall aus dem ehelichen Vermögen behalten. Er muss sich allerdings auch auf jeden Fall vorher sicher sein, dass er damit nicht den Zorn seines eigenen Clans oder den des Clans der Frau auf sich zieht und sich damit faktisch außerhalb des Schutzes des Clan-Systems stellt. Im Übrigen kann der Mann in der Regel bis zu vier Frauen gleichzeitig heiraten, wenn er diese ordentlich zu versorgen vermag.

Wenn ihm vier Frauen nicht reichen, dann kann er sich von einer Frau einseitig scheiden lassen und sich an deren Stelle eine neue Frau nehmen. Dies wird durchaus praktiziert. Der bekannteste Fall ist wohl der Vater von Osama Bin Laden mit insgesamt über zwanzig Frauen, wenn auch immer nur vier gleichzeitig, wie Carmen Bin-Ladin in ihrem Buch »Inside the Kingdom: My Life in Saudi Arabia«[6] berichtet.

Um solchen Unwägbarkeiten aus dem Wege zu gehen bestehen in Ländern wie Jordanien immer mehr moderne Frauen und ihre Familien darauf, einen Heiratsvertrag abzuschließen, in dem die bestehenden Risiken weitgehend abgesichert werden. Darin kann zum Beispiel auch geregelt werden, ob der Mann der Frau erlaubt, einer Arbeit nachzugehen und ihr eigenes Einkommen zu erzielen.

In meinem eigenen Büro konnte ich sehen, dass Frauen, die ihre Arbeit nicht aufgeben wollten, zumeist alleine leben mussten. Aufgrund der beschriebenen gesellschaftlichen Normen ist das nicht etwa mit dem heute im Westen verbreiteten selbst gewählten »Single-Dasein« vergleichbar, gleichzeitig jedoch schon ein Fortschritt, wenn eine solche Lebensweise einer Frau geduldet wird. Das ist natürlich nur mit Unterstützung der Familie oder des Clans denkbar.

Eine in meinem Büro beschäftigte Frau Mitte 30, Jordanierin palästinensischer Abstammung, erzählte mir, dass sie bereits kurz vor einer (angebahnten) Eheschließung stand. Der Ehemann weigerte sich dann aber, den Ehevertrag wegen eines Passus zu unterschreiben, der ihr die Freiheit zugestehen sollte, einer Büroarbeit nachzugehen. Da sie darauf nicht verzichten wollte wurden, mit dem Einverständnis ihrer Familie, alle Heiratspläne annulliert und sie blieb allein. Es muss sich um sehr fortschrittliche Familien von beiden Seiten gehandelt haben wenn sie den Willen der Braut so friedvoll respektierten.

Außereheliche Beziehungen

Es ist oft ein großes Problem für junge Männer und deren Familien in muslimisch geprägten Ländern, wenn sie nicht über ausreichenden Mittel verfügen, eine Frau zum Heiraten zu finden – wobei die Ehe die einzige Situation ist, die den Mann zum Umgang mit einer Frau legitimiert und Sex erlaubt. Hinzu kommt, dass die Hierarchie der Clans es ihm unmöglich macht, eine Frau aus einem Clan zu ehelichen, der im Ansehen über dem seinen steht. Das schränkt die Auswahlmöglichkeiten ein und verdammt nicht wenige Männer (aber natürlich auch viele Frauen) dazu, sehr lange allein leben zu müssen. Die Männer sind gezwungen, für das Brautgeld zu sparen, falls sich nicht die Möglichkeit bietet eine nahe Verwandte, oft eine Cousine, zur Frau zu nehmen. In solchen Fällen wird dann meist auf die Brautgabe verzichtet oder sie wird nur symbolisch gezahlt. Ehen unter nahen Verwandten sind deshalb weit verbreitet. Ein weiterer Grund für diese Praxis ist, alles innerhalb der Familie oder des Clans zu halten.

Allerdings hat die häufig vorkommende und sich oft über mehrere Generationen wiederholende nahe Blutsverwandtschaft zwischen Ehegatten dazu geführt, dass es im Nahen Osten eine sehr hohe Rate an Behinderungen aufgrund von Erbkrankheiten gibt. Da ein behindertes Kind gleichzeitig oft als Schande oder göttliche Strafe betrachtet wird, werden diese Kinder dann häufig vor der Außenwelt abgeschirmt und versteckt gehalten.

Sex außerhalb der Ehe ist auf jeden Fall illegitim, zumeist auch im strafrechtlichen Sinne. Sollte eine solche Beziehung – ganz gleich in welcher Konstellation – aufgedeckt werden, könnte dies (je nach Land und Clan) im besten Fall Strafen wie Auspeitschung oder mehrjährige Haft für die Frau nach sich ziehen. Im schlimmsten Fall wird ein Familienangehöriger der Frau einen Ehrenmord an ihr begehen und damit die Familienehre wiederherstellen. Der Mörder wird jedoch normalerweise nicht strafrechtlich verfolgt, es sei denn, dies wird ausdrücklich von seiner Familie gefordert. In jedem Fall wird die Bestrafung in erster Linie die Frau treffen. Der beteiligte Mann – falls er nicht gerade vom Rivalen (beispielsweise dem Ehemann der Frau, sofern diese verheiratet war) niedergestochen wird – kann sich meist irgendwie über seinen Clan freikaufen oder er wird für eine Weile verbannt. Selbst bei einer Vergewaltigung wird in der Regel davon ausgegangen, dass die Frau den Mann durch ihr Benehmen animiert oder gar verführt hat. So wird der biblische Sündenfall bis heute wörtlich genommen. Umgangen werden kann eine Bestrafung bei einer Vergewaltigung nur, wenn es sich um eine unverheiratete Frau handelt und der Vergewaltiger sich bereit erklärt, sie zu ehelichen.

Man kann die Anspannung der allein lebenden Männer deutlich spüren, wenn man beispielsweise in der Nähe eines traditionellen Basars als europäisches Paar spazieren geht. Man verliert schnell die Lust zum Promenieren, da eine große Zahl um einen herumschleichender Männer die Frau unverblümt anstarren und geradezu mit Blicken verschlingen. Dabei handelt es sich zumeist um Männer, die sich bis zu ihrem 40. Lebensjahr oder darüber hinaus keine Ehefrau und damit regelmäßigen Sex leisten können. Man sieht diesen Männern an, dass sie offenbar schon an nichts anderes mehr denken können, als nach einer Möglichkeit zu suchen, sich von dieser

Anspannung zu befreien.

Ich konnte übrigens unter den Mitarbeitern im Umfeld des Büros auch nie Anzeichen für irgendwelche zwischenmenschliche Beziehungen zwischen Männern und Frauen beobachten.

Natürlich gibt es auch eine heimliche Szene des gegenseitig freiwilligen außerehelichen Sexes, um die strikten Verhaltens- und Enthaltsamkeitsregeln zu umgehen. Dabei werden jedoch, wie beschrieben, erhebliche Risiken eingegangen. Um die für eine spätere Heirat unabdingbare Jungfernschaft zu bewahren und auch nachweisen zu können, werden dabei entweder alternative Sexualpraktiken angewandt oder bei Bedarf die international angebotenen Dienste der Medizin genutzt, die Anzeichen der Jungfernschaft wiederherzustellen.

An dieser Stelle noch ein Wort zur Homosexualität: Diese wird bis heute in der Mehrzahl der islamisch geprägten Länder (nicht in Jordanien) mit Haftstrafen bis hin zum Tode bestraft. Gleichzeitig wird sie selbst unter liberal gesinnten Muslimen tabuisiert, wenn nicht verabscheut.

Ich kann mich an eine einzige Diskussion auf persönlicher (nicht offizieller) Ebene zu diesem Thema erinnern, und zwar mit einem Professor des Rechts und Inhaber eines international anerkannten Lehrstuhls für Menschenrechte in einem Land des Maghreb, der seine Ausbildung zudem im europäischen Ausland genossen hatte. Trotz seines nicht immer ungefährlichen Engagements für die Menschenrechte und seiner ansonsten ungewöhnlich liberalen Auffassungen war er nicht im Geringsten bereit, Homosexualität unter Männern auch nur ansatzweise zu billigen, geschweige denn anzuerkennen.

Frauenrechte

In der Zeit, in der ich in Jordanien gelebt habe, war das Parlament (das sich fast ausschließlich aus Parteien der Clans zusammensetzt) vom König für etwa zwei Jahre aufgelöst worden. In der Zwischenzeit hatten der König bzw. seine Regierung mit Dekreten regiert und dabei versucht, einige Gesetze moderat zu modernisieren. Dazu zählte ein Dekret, das die automatische strafrechtliche Verfolgung von Ehrenmorden durch den Staat vorsah und das Heiratsalter für Frauen erhöhte. Nach der Neuwahl des Parlaments sollte dieses die königlichen Dekrete bestätigen, eine Prozedur, die von der Verfassung vorgesehen ist. Zumindest in diesen beiden Fragen wurden die Dekrete der königlichen Regierung vom Parlament mit der Begründung abgelehnt, dass durch sie die Moral im Land unterminiert würde. Inzwischen wurde in Jordanien das Heiratsalter auf 18 Jahre erhöht, Ausnahmen sind jedoch durch Gerichtsentscheid zulässig. Gleichzeitig ist in nicht wenigen muslimisch geprägten Ländern die Ehe mit Minderjährigen, wenn nicht gar Kindern, noch weit verbreitet.

Generell kann gesagt werden, dass die Frauen in diesen Ländern i. d. R. nur eingeschränkt rechtsfähig sind. Sie sind in allem von der Zustimmung eines Mannes abhängig, noch weit mehr als dies in der alten Bundesrepublik Deutschland lange Zeit nach dem Ende des Zweiten Weltkriegs üblich war. Die Ehefrau kann ohne die Zustimmung eines Mannes weder arbeiten noch Geschäfte auf eigene Rechnung machen, weder reisen noch Entscheidungen über die Kinder treffen. Eine Frau kann und darf nur über ein männliches Wesen in der Gesellschaft bestehen. Ist sie nicht verheiratet oder ist sie verwitwet, dann kann und muss diese Rolle ihr Vater, Sohn, Bruder oder Schwager übernehmen.

Carmen Bin-Ladin, die Schwägerin des berüchtigten Terroristen Osama Bin Laden, beschreibt in ihrem oben genannten Buch sehr eindrücklich, wie eine Frau, die nur Töchter hat und plötzlich verwitwet ist, in der Regel einfach einem Schwager unterstellt wird, dem sie in allem widerspruchslos zu gehorchen hat.

Der Konsul eines eher moderat regierten nahöstlichen Landes berichtete uns, dass sich viele junge Männer seines Landes Bräute aus anderen, auch aus nichtmuslimischen Ländern suchen, oft während ihres Auslandsstudiums. Die größten Vorteile für die Männer sind, dass sie keine Brautgabe an die Eltern der Bräute zahlen müssen und sich die Ehefrau selbst aussuchen können, soweit die eigene Familie zustimmt. Da die jungen Frauen aus nichtarabischen Ländern keinerlei realistische Vorstellung davon haben, was sie im Land ihrer künftigen Ehemänner erwartet und welchen Risiken sie sich ggf. aussetzen, hatte sich der Konsul entschieden, diese Frauen umfassend über die Gesetzeslage in seinem Land aufzuklären. Diese Aufklärung erfolgte in der Regel zu dem Zeitpunkt, da die Frauen um ein Visum ersuchten, um zwecks Heirat in sein Land umzusiedeln.

Der Konsul, der selbst mit einer Ausländerin verheiratet ist, teilt den jungen Frauen alles mit, was die Gesetzgebung mit Blick auf ihren Status zulässt, was eintreten kann, aber nicht muss, je nachdem, wie sich ihr Ehegatte verhält. Er informiert sie auch über das alleinige Entscheidungsrecht des Ehemannes bezüglich der Kinder und deren Aufenthaltsort. So kann ein Mann seiner Ehefrau beispielsweise verbieten, gemeinsam mit den Kindern in ihre Heimat zu reisen, um sicherzustellen, dass die Ehefrau zurückkehrt und auch die Kinder nicht im Ausland verbleiben. Der Ehemann darf darüber hinaus auch den Aufenthaltsort der Frau bestimmen und sie darf nur mit seiner Genehmigung reisen. Körperliche Züchtigung der Ehefrau oder die Beschränkung ihres Aufenthalts auf die eigene Wohnung sind nicht verboten, oft sogar ausdrücklich gesellschaftlich akzeptiert. Eigene Konten oder andere Rechtsgeschäfte hängen ebenfalls von der Zustimmung des Ehemanns ab. Die Frauen können i. d. R. nicht einmal Restaurants ohne Begleitung von Männern aufsuchen bzw. nicht allein im Taxi fahren. – Mein Fahrer, ein jordanischer Palästinenser, lehnte einmal dankend ab, als ich ihm anbot, seine Frau zusammen mit mir und meiner Frau im Dienstwagen zur Hochzeit eines Kollegen mitzunehmen, zu der alle Mitarbeiter eingeladen waren. Es hieß, es hätte sich für sie nicht geschickt, mit einem fremden Mann das Auto zu teilen.

Moderne Ansätze

An dieser Stelle sei noch eine generelle Bemerkung speziell zur Situation in Jordanien angefügt, wie ich sie während meiner dortigen Tätigkeit erlebt habe:

In Jordanien gibt es eine sehr kleine politische und wirtschaftliche Elite, die entweder westlich erzogen wurde (z. B. durch eine Ausbildung in Großbritannien oder den USA, was auch auf den gegenwärtigen König Abdullah II. zutrifft) oder – wenn auch mit Abstrichen – den westlichen liberalen Werten gegenüber offen oder ihnen zumindest zugeneigt ist und sich auch im Alltag entsprechend verhält. Innerhalb dieser Elite ist es durchaus üblich, dass sich Frauen im Restaurant treffen oder geschäftliche Kontakte mit Männern haben. Sie beachten die strengen tribalistisch-islamischen Regeln nur insofern, dass ihnen durch deren Übertretung oder üble Nachrede keine gesellschaftliche Gefahr erwächst.

Vorbildwirkung für moderne weibliche Rollen hat vor allem die junge Königin Rania, aber auch ihre aus England stammende Schwiegermutter, Prinzessin Muna al-Hussein. Allerdings besteht eine relativ tiefe und weite Kluft zwischen der Elite und der großen Mehrheit der Bevölkerung, die den traditionellen Normen und Regeln im Alltag noch sehr stark unterworfen ist und Modernisierungen zum großen Teil auch ablehnt. Dies ist ein Umstand, den ich bei meinem Aufenthalt im Land sehr schnell gespürt habe.

Eine der Liberalisierung zuträgliche Wirkung haben dagegen die relativ einflussreichen Tscherkessen, die zu Beginn des 20. Jahrhunderts aus dem Süden Russlands eingewandert sind, bis heute ihre Ehefrauen aus dem Kreis der gemäßigten russländischen Muslime aussuchen und dementsprechend die Regeln weniger streng auslegen.

Nicht zuletzt haben auch die aus dem Irak stammenden Kriegsflüchtlinge, unter denen viele Intellektuelle und liberal eingestellte Frauen sind, in diese Richtung auf das Land eingewirkt. Ich hatte einmal in Amman ein längeres Gespräch mit einer Kunsthändlerin und einer Schriftstellerin aus dem Irak, als der von den USA ausgelöste Krieg noch in vollem Gange war. Sie berichteten mir, wie relativ säkularisiert und gut gebildet die Menschen im Irak faktisch gewesen waren und wie befreit von den geradezu diktatorischen Regeln der Clans und des Islam sich die Mehrzahl der Frauen, zumindest in den Städten, bewegen konnten – trotz der Diktatur Saddam Husseins, zu dessen politischer Anhängerschaft die beiden Frauen nicht gehörten. Die damalige Situation im Irak war wohl vergleichbar mit der in

Syrien vor dem jetzigen Konflikt. Sie selbst machten auf mich den Eindruck, als wären sie in Europa aufgewachsen und sozialisiert. Sie fürchteten sich auch nicht, mich zu zweit und ganz ohne männlichen Schutz abends in ihrer Wohnung zu empfangen. Laut ihnen brachten die vom Westen initiierten Sanktionen die ersten Rückschritte für die Freiheiten der Frauen im Irak, die der Irakkrieg dann gänzlich hinwegfegte. Mit diesem Krieg sei die Macht der Clans und des Islam wieder in den Irak zurückgebracht worden, verstärkt durch einen besonderen Einfluss aus dem klerikal regierten Iran. Besonders bedauerten sie, dass ihrer beider Töchter das Kopftuch inzwischen als Mittel des Protests gegen die westliche Einmischung ansehen und auf diese Weise die von ihren Müttern genossene Freiheit von stammesrechtlich-islamischen Regeln aufgeben würden.

Alltagserfahrungen

Die folgenden Beispiele sind typisch für viele Situationen im Alltag:

Wir wohnten in einer guten Wohngegend, wo kleinere Häuser und solche mit mehreren Wohnungen, ähnlich den Stadtvillen in Deutschland, das Bild beherrschten. Unmittelbar gegenüber unserem Haus befand sich ein kleines Einkaufszentrum mit mehreren Läden, darunter ein Fleischer und ein Gemüseladen. Während alle Hausfrauen der Gegend gewöhnlich ihre Hausangestellten zum Einkauf schickten, zog es meine Frau vor, beinahe täglich selbst einzukaufen. Deshalb war meine Frau den Besitzern der kleinen Länden nicht nur gut bekannt, sondern auch eine ihrer besten Kundinnen, die zudem nur selten mit ihnen um den Preis feilschte. So bemühten sich die Verkäufer stets, ihr beim Einkauf behilflich zu sein. Betrat jedoch ein Mann den Laden, wurde sie im gleichen Augenblick völlig unbeachtet zurückgelassen und die Aufmerksamkeit aller Angestellten des Ladens wurde nur noch dem männlichen Kunden zuteil. Erst wenn dieser den Laden wieder verließ, wurde meiner Frau erneut Beachtung geschenkt.

In dem Mehrfamilienhaus, in dem wir wohnten, hatte der Besitzer eine Art Hausmeister eingesetzt. Es handelte sich dabei um einen ägyptischen Wanderarbeiter. Davon gab es viele im Land, denn in Ägypten herrschte Arbeitslosigkeit. Der Hausmeister hauste unter – nach unseren Vorstellungen – unmenschlichen Bedingungen in einem Kellerraum, der nur über ein im Straßenboden versenktes Fenster Zugang zum Licht hatte, und erinnerte eher an einen Obdachlosen. Diesem Mann meldeten die Mieter, wenn etwas nicht funktionierte oder er selbst wandte sich wegen einer notwendigen Mitteilung an diese. Nach einiger Zeit fiel uns auf, dass er meine Frau, die sich zumeist tagsüber im Haus aufhielt, stets nur auf Arabisch ansprach (was sie zu dem Zeitpunkt nicht verstand), während er mit mir immer auf Englisch redete. Ein Freund erklärte uns dazu, dass der Hausmeister – selbst als gesellschaftlich sehr weit untenstehender Mann – es noch unter seiner Würde fand, mit meiner Frau auf Englisch zu kommunizieren.

Frauen dürfen nur von Frauen und Männer nur von Männern frisiert werden. Mein Fahrer wunderte sich einmal sehr, als ich ihm auftrug, eine in Amman lebende, aus dem nichtmuslimischen Ausland stammende Friseuse zu unserem Haus zu bringen, damit sie mir die Haare schneiden könne. Meine Frau begab sich zum Frisieren natürlich in ihren Salon, doch dort konnte die Dame mich aus den genannten Gründen nicht bedienen. Allerdings war zumindest ihr Ehemann so tolerant, ihr den Besuch in unserem Haus nicht zu verbieten.

Im relativ modernen Jordanien gelten zwar veraltete Gesetze und Traditionen, aber ein eher modernerer Mensch kann sich im Privaten bereits Ausnahmen davon erlauben. Sicherheit gibt das jedoch nicht, da der Ehemann jederzeit seine Meinung ändern und sich auf die strengeren Gesetze und auf die noch viel strengeren Clan-Regeln berufen kann, insbesondere dann, wenn es dem Clan zur Kenntnis gelangt und dieser beginnt, Druck auf den Ehemann auszuüben.

Interessant dürfte auch die folgende Begebenheit sein: Ich lebte zu diesem Zeitpunkt von meiner ersten Frau getrennt und meine spätere zweite Frau hatte mich nach Amman begleitet. Da wir zu diesem Zeitpunkt nicht miteinander verheiratet waren, erhielt ich von meinem Arbeitgeber für sie keine Dokumente für einen offiziellen Status und ihr Aufenthalt war nur durch die damaligen allgemeinen Visa-Regelungen für ihr Herkunftsland abgedeckt (erneuerbare Drei-Monats-Visa, jeweils verbunden mit dem Verbrauch von drei Seiten im Pass, wodurch schnell ein neuer Pass nötig wurde).

Verständlicherweise suchten wir nach einer etwas sichereren, langfristigen Lösung und konsultierten dazu verschiedene Leute vor Ort. Zumeist wurde uns geraten, sie als Hausangestellte zu deklarieren, ein Recht, das Diplomaten zustand. Das gefiel uns jedoch nicht besonders. Eines Tages kam der für Protokollfragen zuständige Mitarbeiter des Büros, ein in diesen Fragen erfahrener Jordanier zu mir und meinte, falls ich zustimmen würde, hätte er eine Lösung parat: In seinem Land sei es ja möglich, mehrere Ehefrauen zu besitzen. Wie das Familienministerium ihm anonym mitgeteilt habe, müsse allerdings der Mann dafür Muslim sein. Die Religion der Frau spiele keine Rolle. Auf eine weitere Nachfrage beim Religionsministerium habe er erfahren, dass der Mann nur durch eine einfache formelle Erklärung Muslim werden könne. Sollte ich dazu bereit sein, so wäre es daraufhin möglich, meine Lebensgefährtin in Bezug auf alle anderen Formalitäten als meine (zweite) Ehefrau zu behandeln.

Ich bedankte mich sehr höflich für seine Initiative und Auskunft, zögerte dann aber eine Antwort längere Zeit hinaus. Als er verstand, fand er eine andere Lösung: Man stellte meiner Lebensgefährtin ein handschriftlich ergänztes Visum für die gesamte Zeit meines Aufenthaltes aus. Mit der Hand war der Hinweis hinzugefügt worden, dass sie und das Visum an meine Person und meine Begleitung gebunden seien. Deshalb musste ich auf Reisen auch immer an ihrer Seite bzw. zumindest beim Grenzübertritt und der Passkontrolle im Flughafen Amman zugegen sein.

Frauen als »Täter«

Wenn man über die Opferrolle der Frauen in nahöstlichen und weiteren Gesellschaften spricht, kann man nicht ganz auf den Hinweis verzichten, dass sie teilweise auch eine Täterrolle gegenüber ihrem eigenen Geschlecht innehaben.

Ein Aspekt der Täterrolle der Frauen wird im genannten Buch von Carmen Bin Ladin gut beschrieben: Alle ihre Schwägerinnen, die Söhne hatten, fühlten sich nicht nur selbstsicher (denn beim Ausfall des Ehemannes würde automatisch ein eigener Sohn ihr Vormund), sondern sie fühlten sich der Mutter dreier Töchter ohne Söhne haushoch überlegen und ließen sie das jederzeit deutlich spüren. In diesem Sinne tragen diese Frauen dazu bei, das bestehende System ihrer eigenen Unterdrückung aufrechtzuerhalten und ihre Kinder entsprechend den Normen des Clan-Systems und der konträren Rollen von Knaben und Mädchen zu erziehen.

Ein weiterer Aspekt dieser Rolle ergibt sich aus der Tatsache, dass eine Ehefrau in der Regel in das Haus des Ehemannes zieht, in dem dieser mit seinen Eltern zusammenlebt. Sie untersteht nun nicht nur ihrem Ehemann und muss nicht nur ihm gehorchen, sondern auch dessen Eltern und insbesondere der Schwiegermutter. Diese rächt sich oft an der Schwiegertochter für die Schikanen, denen sie selbst einmal ausgesetzt war, und nutzt ihre Machtposition entsprechend aus. Wie mir ein tunesischer Kollege berichtete, war diese Praxis sogar im »sozialistischen« Tunesien weit verbreitet, wo die Gesetzgebung über die Rechte der Frauen dem französischen Vorbild bereits deutlich angenähert war.

Genannt werden muss unter dieser Rubrik auch das Problem der ausländischen weiblichen Haushaltshilfen, die in der Region in nahezu jedem auch nur halbwegs begüterten Haus zu finden sind. Sie kommen i. d. R. aus asiatischen Ländern, zumeist von den Philippinen, und werden oft mit falschen Versprechungen ins Land gelockt. Es ist ein offenes Geheimnis, dass diese armen Frauen, einmal angekommen, in der Regel vollkommen rechtlos sind und nicht selten wie Sklavinnen behandelt werden, und zwar unter der Knute der Ehefrau oder der Mutter des Hausvorstands. Viele Ehefrauen messen dabei ihr eigenes Prestige an der Zahl der ihnen zur Verfügung stehenden Haushaltshilfen, denen nach Ankunft zumeist sofort der Pass abgenommen wird, sodass sie keinerlei Spielraum haben. Erst im Juli 2018 sorgte eine Meldung für Aufsehen, nachdem sich eine Kuwaiterin in den sozialen Medien darüber beschwert hatte, dass Hausangestellte nach einer Gesetzesnovelle zum Gastarbeiterrecht einen Tag in der Woche frei haben und über ihren Pass selbst verfügen sollten.

Wir selbst wurden mit dem Ausmaß der Probleme bereits am ersten Tag konfrontiert, als sich die aus Eritrea stammende, bereits für meine Vorgängerin tätig gewordene Kandidatin Samira vorstellte. Ihre erste Frage war, ob es uns nichts ausmache, dass sie dunkelhäutig sei – ein deutlicher Hinweis auf den in der Region verbreiteten Rassismus im wahren Sinne des Wortes und ihre realen Erfahrungen damit. Später, am gleichen Tag, liefen ihr Tränen der Rührung über das Gesicht: Meine Frau hatte Samira gefragt, ob sie eine Tasse Kaffee wünsche, da meine Frau ohnehin dabei war, für sich selbst Kaffee kochen. Samira hatte zuerst nicht verstanden und an eine Aufforderung an sie geglaubt, den Kaffee zuzubereiten. Eine solche würdevolle Behandlung auf Augenhöhe kannte sie wohl bis dahin nicht.

Mit Ehrlichkeit kommt man nicht weit

Wie erwähnt, stand ich als Mitteleuropäer und relativ naiver Durchschnittsdeutscher bei meiner Arbeit im Nahen Osten nicht selten vor mir nahezu unüberwindlichen Problemen. Eines der Dilemmas drückt sich in dem Ausruf aus, den eines Tages eine Assistentin von sich gab: »Lügen gehört ja zu den Grundlagen unserer Kultur. Aber wieviel in diesem Büro gelogen wird, sprengt sogar meine Vorstellungskraft.«

Wenn man zur Ehrlichkeit und Wahrheitsliebe erzogen wurde und gewöhnt ist, dass die Menschen um einen herum das auch weitestgehend praktizieren, dann kann man sich grundlegende Abweichungen davon nur sehr schwer vorstellen und will es auch gar nicht glauben. In meiner Situation half dies aber nicht weiter, denn ich musste zur Kenntnis nehmen, dass es andere Zivilisationen gibt, die nach einer diametral entgegengesetzten Logik funktionieren. Es half nur, diese Logik zu durchschauen und die Mechanismen und Beweggründe dahinter zu erkennen – nicht nur, um zu überleben, sondern auch, um als Chef anerkannt zu werden und entsprechende Arbeitsergebnisse garantieren zu können.

Natürlich gehören Lüge und Unehrlichkeit auch zur westlichen Realität, man denke nur an die Begründung für den letzten Krieg gegen den Irak. Dennoch haben beide Begriffe eine eindeutig negative Konnotation und keinem wird dafür Anerkennung oder gar Bewunderung zuteil. So streng wie wir Deutschen sehen das aber nicht alle, bereits südlich, östlich und westlich der deutschen Grenzen beginnt diese strenge Wahrheitsliebe zu bröckeln, im Nahen Osten jedoch verkehrt sie sich nahezu in ihr Gegenteil.

Zur Illustration dessen möchte ich ein Gespräch mit einem Taxifahrer in Istanbul anführen, wo ich an einer UNESCO-Tagung zur Errichtung des ersten Teilchenbeschleunigers für den Nahen Osten teilnahm. Der junge Mann, ein Muslim und Deutschtürke, so um die zwanzig, war in Deutschland geboren und hatte dort bis zu seinem 18. Lebensjahr gelebt. Dann wurde er mit einer Braut aus der Türkei verheiratet. Da deren Einreiseunterlagen unvollständig waren und er sie nicht allein in der Türkei lassen wollte, war er gezwungen, ihr wenigstens zeitweilig nach Istanbul zu folgen. Der junge Mann erzählte mir, wie unwohl er sich in der Türkei fühlte, da er sich nach Ansicht seiner Umgebung »viel zu deutsch« verhielt. Man warf ihm insbesondere vor, dass er viel zu ehrlich sei und zu oft sage, was er wirklich dachte, was von seiner Umgebung schlicht und einfach als ausgesprochen dumm und einfältig wahrgenommen wurde. Einmal als »deutscher Depp« identifiziert, hatte er keine Chance mehr, irgendwie ernst genommen zu werden. Für klug und intelligent würde nur gehalten, wer schlau und gewandt war und es vermochte, jeden anderen so raffiniert wie möglich übers Ohr zu hauen. Vor diesem Hintergrund sehnte sich der junge Taxifahrer danach, sobald wie möglich wieder in seine schwäbische Heimat zurückzukehren.

Das kommt im arabischen Raum eher noch drastischer zum Ausdruck und die Folgen von Vertrauensseligkeit, Unbekümmertheit und Leichtgläubigkeit können absolut gravierend sein. Wer nicht in jedem Augenblick, überall und in allen Lebenslagen auf der Hut ist – und das ist die unbewusste Grundhaltung, mit der sich nahezu alle untereinander begegnen – kann im nächsten Moment böse hereingelegt werden, und das mit dem charmantesten Lächeln und den blumigsten Worten auf den Lippen. Vertrauen ist eines der seltensten Güter in diesen Gesellschaften. Wenn überhaupt, wird es gewöhnlich nur innerhalb eines Clans gewährt, aber selbst da stets mit einer guten Portion an Misstrauen unterlegt.

Im Politischen spiegelt sich dieses allgemeine Vertrauensdefizit unter den Arabern beispielsweise in der Tatsache wider, dass Loyalitäten fast nur innerhalb der Clans und nicht zwischen verschiedenen Clans existieren. Die königliche Leibgarde besteht deshalb auch vornehmlich aus nichtarabischen Tscherkessen, die als besonders loyal gelten, da sie dem arabischen Clan-System nicht unterliegen.

Persönlich erlebte ich einen konkreten Fall des üblichen Misstrauens, als ich 2004 eine Delegation von Lehrern aus dem Irak nach Bonn begleitete. Sie waren durch meine Vermittlung von der Deutschen UNESCO-Kommission zur Teilnahme an der Jahrestagung der Deutschen UNESCO-Projekt-Schulen eingeladen worden – das UNESCO-Schulprojekt verbindet seit 1954 weltweit Schulen, um zur Erziehung zur internationalen Verständigung beizutragen. Die Lehrer waren mir sehr dankbar und verhielten sich mir gegenüber sehr freundlich und wohlwollend. Beim ersten Essen im Restaurant baten sie mich, ihnen die Gerichte auf der Speisekarte zu erklären und insbesondere darauf hinzuweisen, wo es sich um Schweinefleisch handele, alle anderen Fleischsorten seien ihnen erlaubt. Das tat ich mit besonderer Sorgfalt. Am Ende siegte jedoch das Misstrauen und sie bestellten alle – und das während der gesamten Reisezeit – nur Geflügel, wohl weil sie nur das weiße Fleisch selbst und ohne Hilfe genau identifizieren konnten.

Man kann sich nur schwer die Auswirkungen dieser Haltung auf das persönliche Leben ausmalen, da es faktisch ein »Sich Entspannen« nicht gibt. Die Menschen haben deshalb eine Art sechsten Sinn entwickelt und reagieren in den meisten Situationen einfach instinktiv, unterbewusst, ohne vorher überhaupt nachzudenken, geschweige denn den Verstand bewusst einzuschalten. Wegen der, wenn auch geringen, zeitlichen Verzögerung einer bewusst überlegten Reaktion wäre man damit in der Regel im Nachteil. Das Unterbewusste wirkt schneller und in diesem Zusammenhang anscheinend verlässlicher. Dies erklärt die oft unbedachten Reaktionen in Konfliktsituationen, wenn sich dieser Aspekt noch mit der alles beherrschenden Frage der Ehre und so mit zusätzlichen Emotionen mischt und verstärkt. Da wird instinktiv schon mal das Messer gezückt und »vorsichtshalber« zugestochen, ehe der Kopf ins Spiel kommen und vielleicht ausbremsend wirken könnte. Hinzu kommt, was mir öfter gesagt wurde, dass man in der Region gewöhnlich nicht über seine eigene Nasenspitze hinausdenkt, das heißt: Folgen eigener Handlungen üblicherweise, wenn überhaupt, erst nachträglich in Betracht zieht. Dies trifft zweifellos genauso auf die meisten Situationen sexueller Belästigung oder schlimmer zu.

Wenn man Zivilisation als zunehmende rationale Beherrschung unserer inneren Urtriebe versteht (man kann auch »Instinkte« sagen), dann ist hier noch ein weiter Weg zu gehen.

Im Alltag hat man als in diesen Verhaltensweisen »ungeübter« und dazu noch nicht Arabisch sprechender Ausländer gemeinhin schlechte Karten und dies in nahezu allen Lebenslagen. Ich erinnere mich an eine Begebenheit, bei der einige Mitarbeiter des UNESCO-Büros eines Tages an der Reaktion meiner anwesenden Frau erkannten, dass diese zu verstehen begann, worüber sie untereinander sprachen. Für sie war das ein Schock, denn sie waren es gewohnt, sich hinter meinem Rücken entweder zu beschweren oder sich über mich lustig zu machen.

Ein schwieriges Terrain war da auch der Handel. In kleineren Geschäften wie Fleischereien werden die Waren zum Beispiel nicht individuell ausgepreist, es hängt nur eine Preisliste hinter dem Verkäufer an der Wand, die – auch wegen der anderen Zahlen – nur ein des Arabischen Mächtiger entziffern kann und auch dies aufgrund des Abstands nur mit Mühe. Das hat zur Folge, dass man der Willkür des Ladeninhabers ausgesetzt ist und entsprechende Phantasiepreise bezahlt. Unsere des Arabischen mächtige, aus Eritrea stammende Haushaltshilfe empörte sich deshalb lautstark, als sie meine Frau einmal zum Einkauf begleitete.

Ein Abenteuer war auch stets die Lieferung von Heizöl. Man musste auf jeden Fall ununterbrochen anwesend sein und aufmerksam jeden Handgriff des Lieferanten verfolgen sowie die Apparatur kontrollieren, um zu vermeiden, dass am Ende der Tank nur halb voll war, man aber einen vollen Tank bezahlte. Man benötigt deshalb überall ein waches Auge und einen entsprechend geschulten Blick, sonst kann es sehr unangenehm und teuer werden. Das ist im Nahen Osten normales Geschäftsgebaren und keiner nimmt daran Anstoß.

Enttäuschend für uns war auch das Verhalten des Vermieters unserer Wohnung. Wir haben natürlich immer pünktlich und genau die Miete überwiesen und hatten auch einen guten Kontakt zum Vermieter und seiner Frau, die im gleichen Haus wohnten. Dies schloss auch hier und da mal ein Gespräch im Haus oder einen gemeinsamen Kaffee ein. Einige Tage vor unserer endgültigen Abreise aus Amman, nachdem die Wohnung bereits von unserem Mobiliar geräumt war, haben wir den Vermieter und seine Frau um eine gemeinsame Besichtigung der Wohnung gebeten, um eventuelle Probleme und Missverständnisse von vornherein auszuschließen. Die gemeinsame Besichtigung verlief zur beiderseitigen Zufriedenheit und die Vermieter artikulierten keinerlei Forderungen oder Ansprüche, luden uns gar noch zu einem kleinen Imbiss ein. Umso erstaunter waren wir, als uns dann ein paar Wochen später, am neuen Einsatzort, ein Brief mit gepfefferten Nachforderungen wegen irgendwelcher offensichtlicher und angeblich von uns verursachter Mängel in der Wohnung erreichte. Kein sehr solides Vorgehen, aber, wie uns berichtet wurde, wohl absolut übliche Praxis.

Man darf also eigentlich nie erwarten, dass einem die Wahrheit in dem Sinne mitgeteilt wird, wie der Begriff in Deutschland in Gebrauch ist. Jeder schafft sich seine eigene »Wahrheit«. Noch weniger ist zu erwarten, dass jemand preisgibt, was er wirklich denkt. Gerade für Letzteres haben die Araber (und nicht nur diese) spezielle Strategien entwickelt, entweder nichts zu sagen oder ihre eigenen Gedanken und Ansichten strikt zu verbergen.

Dies hat im weitesten Sinne auch mit Gesichtswahrung zu tun. Wie auch in anderen Kulturen möchte man nicht riskieren, sein Gegenüber durch unvorsichtige Äußerungen zu brüskieren, statt sie oder ihn für sich einzunehmen. Das trifft insbesondere auf das Verhältnis zu Vorgesetzten oder Respektspersonen im Allgemeinen zu. Dazu gehört auch der ausgiebige Smalltalk bevor man, wenn überhaupt, zum eigentlichen Anliegen kommt. Die vornehmlich in Deutschland verbreitete Mentalität, »gleich zur Sache zu kommen«, seinem Gegenüber »ehrlich« die Wahrheit oder die eigene Meinung »ins Gesicht« zu sagen und auf »zeitraubende« Einleitungen und Umschweife zu verzichten, wird im arabischen Raum als grob, ungebildet und dumm wahrgenommen und kann sich letztendlich als sehr kontraproduktiv erweisen.

Aus dieser fundamental unterschiedlichen Mentalität, Logik und

Verhaltensweise können dann natürlich entsetzliche Missverständnisse und Peinlichkeiten entstehen, die man möglicherweise noch nicht einmal selbst unmittelbar bemerkt, sondern erst im Nachhinein, auf indirektem Wege mitbekommt. Was man als Deutscher am Gegenüber womöglich als charmant und aufmerksam wahrnimmt, kann nämlich einfach nichtssagend sein oder, noch schlimmer, ein Ausdruck dessen, dass man sich über einen lustig macht.

Alles beginnt schon bei der einfachen Begrüßung bei einem Treffen. Sehr oft bekommt man dabei zu hören, dass man wie eine Schwester oder ein Bruder, ein Mitglied der Familie oder ähnliches angesehen werde. Diese für den Mitteleuropäer schmeichelhaften Floskeln bedeuten jedoch gar nichts und sind einem nüchternen »Guten Tag« oder »Grüß Gott« gleichzustellen. Mehr darf man da nicht heraushören.

Ein schönes Beispiel hierfür ist ein offizielles Telefonat, das eine Assistentin einmal in meinem Auftrag führte und in dem es nur um eine kurze Nachfrage ging. Wie meine Frau, die zu jener Zeit bereits etwas Arabisch verstand und gerade anwesend war, beobachten konnte, dauerte dieses Telefonat fast 45 Minuten. Dabei wurden 90 Prozent der Zeit Fragen nach dem Wohlbefinden der Person am anderen Ende der Leitung sowie dem jedes Mitglieds der Familie gewidmet. Nach dem Gespräch bemerkte meine Frau, dass die Assistentin wohl die Gesprächspartnerin sehr gut kenne. Diese verneinte jedoch und meinte, es sei der erste Kontakt überhaupt zwischen beiden gewesen. Bei jener der Familie gewidmeten Aufmerksamkeit und Zeit handele es sich einfach um einen unabdingbaren Einstieg in das eigentliche Anliegen. Das sei üblich und Abweichungen davon würden vom Gesprächspartner als unhöflich empfunden. Man kann diesen Aufwand als Mitteleuropäer möglicherweise nur verstehen, wenn man ihn mit dem sexuellen Vorspiel vergleicht: Es geht zwar im Zweifel auch ohne, aber meist nicht sehr gut.

Ein besonders anschauliches Beispiel für die blumigen Reden im arabischen Raum war eine vom UNESCO-Büro organisierte Konferenz zu den Modalitäten der Etablierung eines Kulturministeriums in Jordanien. Die Regierung hatte sich mit diesem Gedanken getragen und sich an die UNESCO gewandt, sie dabei auf der Grundlage internationaler Erfahrungen zu beraten. Bestandteil des Beratungsprozesses war diese Tagung, bei der alle an einem solchen Unterfangen potenziell interessierten Kreise der Gesellschaft (sogenannte »Stakeholder« wie kulturelle Institutionen, Organisationen und Persönlichkeiten der Kultur- und Kunstszene) versammelt und um ihre Meinung gebeten wurden. Da die Tagung aus praktischen und finanziellen Gründen ohne Übersetzung und damit nur auf Arabisch ablief und ich zudem eine Dienstreise ins Auge gefasst hatte, bat ich meine für Kultur zuständige Mitarbeiterin, eine Jordanierin palästinensischer Abstammung, als Vertreterin des UNESCO-Büros an der Konferenz teilzunehmen.

Nach meiner Rückkehr von der Dienstreise berichtete mir die Mitarbeiterin ausführlich über den Ablauf der Tagung. Sie erzählte mir, noch immer beeindruckt, dass sie den Reden auf der Tagung mit großem Genuss zugehört habe. Es war wirklich gelungen, die Creme des kulturellen Lebens des Landes zu versammeln und alle hätten brillante Reden im wunderschönen Hocharabisch der Gebildeten gehalten. Sie sei davon regelrecht verzaubert gewesen. Allerdings habe sie sich später gefragt, was die Redner denn eigentlich konkret gesagt hätten. Diese Frage brachte sie zu der Erkenntnis, dass die Reden zwar ein Höhepunkt der Vortragskunst und des Gebildetseins gewesen wären, tatsächlich sei aber wirklich kaum etwas Konkretes ausgesagt bzw. wirklich eine Meinung geäußert worden. Das ist durchaus typisch.

Europäische Frauen zeigen sich verständlicherweise oft davon begeistert, welche zauberhaft formulierten Komplimente ihnen von arabischen Männern gemacht werden. Sie sollten diese jedoch nicht gleich für bare Münze nehmen, sondern erst einmal als den üblichen nichtssagenden höflichen Einstieg betrachten.

Diese Besonderheit der Araber kann sich auch bei Verhandlungen und Absprachen als Falle erweisen. So kann es einem schnell passieren, dass sich der Verhandlungspartner bei der Wiederaufnahme der Gespräche am nächsten Morgen in keiner Weise mehr an die am Vorabend bereits getroffenen Absprachen erinnert.

Arbeiten im Nahen Osten

Der Alltag im Büro

Bei der Arbeit im Büro wurde ich mit der im vorherigen Kapitel behandelten Problematik tagtäglich konfrontiert. Das Verhältnis der Araber zu ihren Chefs ist sehr doppeldeutig. Einerseits besteht permanent die Furcht, den Chef zu enttäuschen und damit zu riskieren, irgendeinen persönlichen Nachteil zu erleiden. Andererseits wird man im direkten Kontakt niemals nachfragen, wenn man etwas nicht verstanden hat, geschweige denn widersprechen oder selbst eine Meinung äußern. Gleichzeitig suchen alle Mitarbeiter außerhalb der offiziellen Begegnungen und Gespräche die persönliche Nähe zum Chef und werben um seine Gunst, um sich Vorteile gegenüber anderen Mitarbeitern zu verschaffen, eventuell einen außerplanmäßigen Karrierefortschritt oder eine Gehaltserhöhung zu ergattern oder ein persönliches Anliegen vorzubringen. Dabei schreckt man auch nicht davor zurück, Gegenleistungen oder Lockmittel (wie die Unterstützung im außerberuflichen Alltag etc.) einzusetzen. Insgesamt geht man in dieser Region von einer gewissen Allmacht des Chefs aus, was vielleicht in lokalen Unternehmen zutrifft, in internationalen Organisationen wie der UNESCO mit ihren strengen Vorschriften aber gänzlich ausgeschlossen ist.

Ich führte, seit ich erstmals eine Leitungstätigkeit übernommen hatte, jede Woche persönliche Gespräche mit den wichtigsten Mitarbeitern. Ich wollte damit nicht nur das Vertrauensverhältnis untereinander sowie das Selbstvertrauen der mir unterstellten Person stärken, sondern auch Sicherheit beim Vorgehen schaffen und dem

Mitarbeiter die Möglichkeit bieten, eigene Anliegen und offene Fragen unter vier Augen vorzutragen. Die Gespräche bildeten auch die Grundlage für die Delegierung von Verantwortung. So erteilte ich in diesen Gesprächen konkrete neue Aufträge, fragte nach, wie es um die Vorbereitung oder Ausführung eines Projektes stand oder bot einfach Gelegenheit zur Beratung bezüglich anstehender Probleme oder Lösungsansätzen. In jedem Fall fragte ich auch nach, ob alles verstanden wurde, alles klar sei und keine offenen Fragen bestünden. Im Nahen Osten wurde ich nun in nahezu einhundert Prozent der Fälle darin bestärkt, dass nichts unklar sei. In ebenso vielen Fällen wurde jedoch im Nachhinein bei der Assistentin oder über andere Personen nachgefragt, was man alles nicht verstanden hatte. Von dritter Seite wurde mir dazu erklärt, dass zwecks Gesichtswahrung und um mich nicht zu enttäuschen, auf Nachfragen verzichtet wurde. Dabei kam den betreffenden Mitarbeitern nicht in den Sinn, dass der Chef wesentlich mehr enttäuscht sein könnte, wenn der Auftrag oder die Arbeit nicht ordnungsgemäß oder nicht nach den abgesprochenen Vorgaben ausgeführt würde. Hier kommt das »Vorausdenken allerhöchstens bis zur Nasenspitze« wieder zum Vorschein.

Dieses Verhalten im UNESCO-Büro spiegelt nur auf andere Weise wider, was als tägliche Praxis in der gesamten Region beobachtet werden kann. So werden politisch hochgestellten Persönlichkeiten, sobald sie in der Öffentlichkeit auftauchen, von allen Seiten kleine »Wunschzettel« zugesteckt. Diese werden unbesehen angenommen und in der Tasche versenkt, um später gelesen und geprüft zu werden. In dieser Handlungsweise äußert sich der jahrhundertealte feste Glaube an die Allmacht der Stammes- oder Clan-Fürsten, übertragen auf die heutigen staatlichen Funktionäre. Es handelt sich faktisch um eine persönliche Petition für Hilfe in schwierigen Situationen oder persönliche Begünstigungen, auf denen das System weitgehend aufbaut. Wenn der Chef jedoch keine Anzeichen für die Bevorzugung eines bestimmten Mitarbeiters zeigt, der vorher um dessen Gunst geworben hat, oder wenn man ihm erklärt, dass ein vorgetragenes Anliegen außerhalb der Vorschriften oder Möglichkeiten läge, dann kann dies schnell als Affront aufgefasst werden und bei einigen auch in Ablehnung und sogar Hass umschlagen. In der Regel wird dies sehr persönlich genommen und immer als Unwillen und unfreundlicher Akt ausgelegt. Deutsche Vorgesetzte werden ohnehin oft als übermäßig rational und korrekt sowie wenig einsichtig für »einzelne Ausnahmen« wahrgenommen.

Im Extremfall kann eine solche Ablehnung zu Handlungen führen, wie sie einer meiner Vorgänger in den 90er-Jahren hat erleiden müssen. Dieser hatte die Anweisung bekommen, aufgrund von Stellenstreichungen einem Fahrer den Vertrag nicht zu verlängern. Der Fahrer hat sich dann nach einiger Zeit Zugang zum Bürogebäude verschafft, indem er die ihm persönlich bekannten Wächter und Pförtner beschwatzte. Danach hat er sich zu dem Raum begeben, in dem der Direktor gerade eine Leitungsbesprechung abhielt. In Anwesenheit aller Sitzungsteilnehmer hat er dann den Direktor erschossen. Vor diesem Hintergrund kann man sich vorstellen, auf welch schmalem Grat man in einer solchen Position in diesen Gesellschaften zuweilen wandelt.

Leider ist es unter solchen Bedingungen für einen Vorgesetzten oft sehr schwierig und manchmal unmöglich, mit modernen Managementmethoden wie Kollegialität auf Augenhöhe, offenem Gedanken- und Meinungsaustausch, Transparenz von Informationen und Entscheidungen, Delegierung von Verantwortung etc. zu arbeiten. Hinzu kommt, dass allzu demokratische und menschliche Gesten dem Chef schnell als Schwäche ausgelegt werden und als Freibrief dienen, ihm ungebührlich auf der Nase herumzutanzen. Es kann durchaus passieren, dass Aufträge dann einfach nicht mehr richtig oder gar nicht erledigt werden.

Mündliche Kritik, selbst in der Verkleidung der Auswertung eines Projektes, wird zwar ertragen, aber nur sehr widerstrebend, als reinen Tribut an die Autorität, der man nicht widerspricht. Schriftlich formulierte Kritik wird schnell als Affront aufgefasst, womit sich der Kritiker unangenehme Reaktionen und missliche Folgen einhandeln kann. Aufforderungen seitens eines Vorgesetzten zur fach- oder strukturübergreifenden Teamarbeit – was sich gerade in den Themen der UNESCO anbietet – wird in der Regel verdeckt starker Widerstand entgegengesetzt. Das hängt mit dem Unwillen zusammen, sich mit anderen Mitarbeitern zu einigen und dabei möglicherweise eigene Autorität und Entscheidungsfreiheit abzugeben. Wenn schon, dann will man wenigstens dem »großen Chef« unterstellt sein, das dient dann auch dem eigenen Prestige. Nur zu gerne spielt man den Chef in dessen Abwesenheit. Das kann sogar soweit führen, dass man Verträge in seinem Namen unterzeichnet, ohne dazu die Vollmachten bekommen zu haben. Strikte Kontrolle ist also für Vorgesetzte überlebenswichtig.

Natürlich gibt es auch sehr positive Ausnahmen unter den Mitarbeitern, die dankbar sind, dass ihnen Freiräume zu eigener Kreativität und Verantwortung geboten werden, und diese dann auch verantwortungsbewusst wahrnehmen. Ich habe sowohl unter den jordanischen als auch unter den irakischen Kollegen[7] solche Mitarbeiter gehabt und bin ihnen bis heute für die Zusammenarbeit sehr dankbar. Der Anteil solcher Mitarbeiter war in der Region jedoch eher gering.

Wir Europäer sind es gewohnt, dass man mehrere Aufgaben oder Themen parallel bearbeitet. Gerade wir Deutschen bedienen uns deshalb gerne der Aufzählung (erstens, zweitens, drittens), wohl um es übersichtlicher zu gestalten und es sich besser einzuprägen. Aus diesem Grunde war für mich ein anderes Phänomen, mit dem ich in der Region konfrontiert wurde, sehr schwer zu identifizieren, geschweige denn zu verstehen. Man muss in der Region nämlich davon ausgehen, dass man sein Gegenüber überfordert, wenn man gleichzeitig mehr als einen Auftrag erteilt. Man läuft damit Gefahr, dass dann keine einzige Aufgabe richtig erledigt wird. Zuerst habe ich dies bei meiner ansonsten sehr kompetenten und korrekt arbeitenden Assistentin bemerkt, wenn ich ihr am Morgen meine Bitten für den Tag vortrug. Sie reagierte stets ein wenig irritiert, wenn sie mehr als ein, zwei Aufgaben übertragen bekam. Dann fiel mir das auch bei den meisten anderen vor Ort eingestellten Mitarbeitern auf. Somit ging ich also dazu über, immer nur bei einem Auftrag oder Thema zu bleiben und erst, wenn das erledigt war, zum nächsten überzugehen. Ich konnte sehr gut beobachten, wie sehr ich damit ihrem gewohnten Herangehen entgegenkam.

Auf ähnliche Weise kam diese Besonderheit zum Ausdruck, wenn meine Frau zu Hause mehrere Gerichte parallel zubereitete. Dies geschah in der Regel bei der Vorbereitung von offiziellen Essen oder Empfängen. Sie bat dann unsere Hausangestellte, ihr bei der Zubereitung zu helfen und Vorbereitungen für mehrere Speisen zu treffen, beispielsweise Gemüse und Obst zu waschen, zu schälen und diese für Vor- und Nachspeisen zusammenzustellen, während meine Frau ein Hühnchen in den Ofen schob und den Teig für eine Torte anrührte. Unsere Hausangestellte war dann jedes Mal völlig durcheinander und meinte, dass man in der Region immer nur ein einziges Gericht zur gleichen Zeit zubereite, das zumeist auch sehr lange köcheln müsse. Erst nach dessen Fertigstellung würde man sich dann dem nächsten Gericht zuwenden.

Zum oben erwähnten »doppeldeutigen« Verhältnis gegenüber dem Chef gehört auf der anderen Seite auch, dass man sich in der Regel – ganz gleich wie die Beziehung zu ihm wirklich ist – hinter seinem Rücken austobt, ihn austrickst, wo es nur geht, und sich über ihn lustig macht, die Kollegen ständig anschreit und einschüchtert und eigene Untergebene extrem hierarchisch, wenn nicht gar quasi-diktatorisch behandelt. Diese eigene, verdeckt aufgebaute Hierarchie wird zudem durch gezielte Gerüchte und Intrigen permanent verteidigt, auch im Hinblick auf den eigenen Vorgesetzten. Für diesen ist es deshalb außerordentlich wichtig, niemals direkt darauf einzugehen, es würde ansonsten sofort wieder gegen ihn verwandt.

Hierarchisches Denken und Handeln spielt eine große Rolle und wird in allen Lebenssituationen und auf allen Ebenen gerne voll ausgelebt. Auf die Rolle der Haushaltshilfen im Nahen Osten wurde bereits verwiesen. Jeder versucht, die ihm aufgezwungene Unterordnung extrem an einer anderen Person auszuleben. Im Büro drückt sich das vor allem darin aus, dass das gehobene Personal gerne auf das in der Hierarchie darunter stehende herabsieht. Informationen werden nicht gerne weitergegeben, um sich einen Wissensvorteil zu verschaffen. Das ist zwar in Deutschland mitunter nicht viel anders, wird dort aber vorzugsweise unterbunden.

Die Übernahme von Arbeiten, die »nicht der Würde der Position entsprechen«, wird abgelehnt. Mein persönlicher Fahrer weigerte sich deshalb grundsätzlich, sich an der Fahrzeugreinigung in irgendeiner Weise zu beteiligen, da ihm das als »Chef-Fahrer« nicht zuzumuten sei. Hier bricht sich auch die Clan-Hierarchie wieder Bahn.

Wo es möglich scheint, führt man Arbeiten heimlich und ohne Rücksprache einfach gar nicht oder nur scheinbar aus – völlig anders als abgesprochen –, ohne an die möglichen negativen Folgen zu denken. Dazu hörte ich von Kollegen aus diversen Botschaften, dass aufgrund schlechter Erfahrungen bezüglich der Anstellung lokalen Personals, beispielsweise als Fahrer oder Kurier, verzichtet würde, obwohl dies einen höheren finanziellen Aufwand bedeutete. Der Grund lag darin, dass zum Beispiel örtlich rekrutierte Kuriere oder Fahrer diplomatische Post und Schreiben, auch an Regierungsstellen, regelmäßig auf den Müll geworfen hatten, um sich ihrer Arbeit auf einfache Weise zu entledigen und dafür das Leben zu genießen. Man kann sich vorstellen, was es für Absender und Adressaten bedeutete, dass die Post nicht zugestellt wurde, und wie schwierig es war, die Ursache dafür herauszubekommen, abgesehen davon, dass auf diese Weise Dritte Zugang zu den vertraulichen Schreiben erhalten konnten.

In vergleichbarer Weise handelte einer meiner Fahrer, der beauftragt war, bei einer Botschaft in Amman Formulare für Visumsanträge abzuholen. Da ihm offenbar der Auftrag nicht gefiel, händigte er meiner Assistentin ungültige Formulare, die er irgendwo im Büro aufgetrieben hatte, mit dem Hinweis aus, dass er sie angeblich vom entsprechenden Konsulat erhalten habe. Sie wurden nun vom Antragsteller ausgefüllt und an das Konsulat zur Beantragung eines Visums geschickt. Als dann der Antragsteller nach der vorgegebenen Frist in der Botschaft auftauchte, stellte sich heraus, dass der Visumsantrag wegen Ungültigkeit der Formulare nicht bearbeitet worden war.

Schuldgefühle kamen bei meinem Fahrer in diesem Zusammenhang jedoch nicht auf, zumal dies eher als eine übliche, alltägliche Angelegenheit angesehen wurde.

Da die Rechnungen für unser privates Telefon und den Stromanschluss in Arabisch ausgestellt und von uns nicht lesbar waren, war es üblich, dass sie routinemäßig zuerst vom Büro beglichen und von uns erstattet wurden. Diese Rechnungen wurden häufig einfach ignoriert und es kam deshalb regelmäßig zur Abschaltung von Strom und Telefon.

Verlässlichkeit ist in dieser Region eher eine selten anzutreffende Tugend.

Bei meinem darauffolgenden Einsatz in Mittelamerika bin ich auf sehr ähnliche Verhaltensweisen von Mitarbeitern gestoßen, nur dass dort furchtloser gehandelt wird. In der arabischen Region spielt jedoch ganz allgemein die Furcht vor dem Chef eine große Rolle und stellt nicht selten das einzige Mittel dar, einen stolzen Araber zur (mehr oder weniger freiwilligen) Unterordnung zu bewegen.

Obwohl dies ein weit verbreitetes Einschüchterungsmittel gegenüber Untergebenen in der Nahostregion ist, habe ich nur ein einziges Mal die Stimme gegen einen meiner Mitarbeiter erhoben. In diesem einen Ausnahmefall versuchte die Buchhalterin, sich noch an meinem letzten Arbeitstag, kurz vor meiner endgültigen Abreise aus Amman, in allzu unverfrorener Manier an mir für eine ihr angeblich nicht ausreichend gewährte finanzielle Unterstützung für eine Weiterbildung zu rächen und mich penetrant zur Zahlung einer Summe zu bewegen, für die kein Anlass bestand. Da sie nicht abließ, sah ich den einzigen Ausweg darin, ihr gegenüber meine Meinung etwas lautstärker auszudrücken. Es funktionierte prompt.

Ansonsten habe ich stets versucht, nicht allzu sehr von meinen eigenen Maßstäben der Menschenführung abzuweichen und diese als Leitbild vorzuleben, ohne selbst Opfer der lokalen Verhältnisse zu werden, und dabei vor allem auch akzeptable Arbeitsergebnisse als Team vorzuweisen. Diese tägliche Gratwanderung zwischen den von der eigenen Organisation und der eigenen Persönlichkeit vorgegebenen Werten, Regeln und Maßstäben und jenen, nach denen es vor Ort normalerweise funktionierte, hat sehr viel Kraft und intuitiven Einblick in und gleichzeitig Verständnis für die örtlichen Verhältnisse gekostet.

Letzteres war auch bei der Wahl von Kooperationspartnern von besonderer Wichtigkeit. Wie bereits im Kapitel zur Clan-Gesellschaft dargelegt, besteht eine große Rivalität zwischen verschiedenen Clans und einige verstehen sich als ehrbarer und in der Hierarchie höher angesiedelt als andere. Wenn man diese Aspekte bei der Auswahl seiner Partner nicht in Betracht zog, lief man Gefahr, Konflikte zwischen denselben hervorzurufen, sich selbst der Kritik auszusetzen oder Opfer von schwer durchschaubaren Intrigen zu werden.

Was die Gesichtswahrung angeht, so möchte ich noch zwei weitere Erlebnisse anführen:

Mein persönlicher Fahrer beherrschte nach dem Besuch eines Sprachkurses ausreichend Englisch, um seine des Arabischen gewöhnlich nicht mächtigen Vorgesetzten zu verstehen und sich ihnen gegenüber ausdrücken zu können. Wenn er mich irgendwo hinfahren sollte, dann wurde er in der Regel von meiner persönlichen Assistentin entsprechend unterrichtet und zeitlich eingeplant, zumal er noch andere Fahrten unternehmen musste, wenn ich ihn nicht benötigte. Einmal sollte er mich direkt vom Flugplatz abholen und zu einem Abendessen beim sogenannten »UN Resident Coordinator«[8], dem Primus Inter Pares der UN-Vertreter, bringen. Die schriftliche Einladung mit der Anschrift war ausnahmsweise nicht durch die Hände meiner Assistentin gegangen, doch ich hatte sie bei mir und zeigte sie bei der Ankunft am Flughafen dem Fahrer vor.

Es sei hier angemerkt, dass sich Amman über 19 Hügel hinweg erstreckt, aus zahlreichen verschlungenen Straßen besteht und es deshalb für Auswärtige sehr schwer ist, sich zu orientieren. Außerdem sind die Häuser erst in der zweiten Hälfte des 20. Jahrhunderts und fast ausschließlich aus weißem Stein erbaut, sodass nur wenig Unterscheidungsmerkmale vorhanden sind. Ein Kollege, der mehrfach und lange in Amman gelebt und gearbeitet hat, sagte mir einmal, dass er erst nach sieben Jahren eine halbwegs klare Orientierung gewonnen hätte.

Da die Adresse in einem mir unbekannten Stadtteil lag und ich die Fahrt nutzte, um meiner mich begleitenden Frau von der gerade beendeten Reise zu berichten, achteten wir nicht darauf, wie lange wir schon unterwegs waren und dass der Fahrer sich offenbar in konzentrischen Kreisen bewegte und verirrt hatte. Erst nach einer halben Stunde wurden wir aufmerksam und fragten beim Fahrer nach. Er tat aber so, als ob alles in Butter sei. Vorsichtshalber zeigte ich ihm nochmals die in Englisch formulierte Einladung mit der Anschrift. Meine Frau machte mich in diesem Moment darauf aufmerksam, dass sie an seinen Augen erkennen könne, dass er offenbar nicht imstande war, die Einladung zu lesen. Er machte aber keinerlei diesbezügliche Bemerkung und schickte sich an, obwohl der Termin bereits überschritten war, uns weiter ziellos im Kreis herumzufahren. Erst als wir ihm die Adresse vorlasen und noch einen Telefonkontakt mit einem anderen Fahrer vor Ort herstellten, fand er die Adresse, und zwar ziemlich schnell. Aber er selbst hätte uns nie darauf aufmerksam gemacht oder zugegeben, dass er des Lesens (zumindest eines englischen Textes) nicht fähig war.

Ein ähnliches Erlebnis hatten meine Frau und ich in einem der Arabischen Emirate. Zum Ende einer Dienstreise, zu der mich auch eine Mitarbeiterin des Büros begleitete, brachte uns ein Vertreter der örtlichen Regierung mit einem überdimensionalen Mercedes persönlich zum Flughafen. Obwohl wir viel Zeit hatten und zuletzt nur gemütlich in seinem Büro zusammensaßen und plauschten, brach er erst sehr spät zum Flughafen auf. Er wollte es uns wohl besonders bequem machen und nicht zu früh dem Stress des Flughafens aussetzen, ein Zeichen des Respekts uns gegenüber. Als wir am Flughafen ankamen und am Schalter zum Check-in, standen wurden wir Zeuge einer langen und lebhaften Diskussion, ohne dass ich auch nur ein Wort dessen verstand, worum es ging. Meine Frau hatte jedoch bereits etwas Arabisch gelernt und vermutete, dass es sich darum drehte, dass wir zu spät angekommen wären und man uns deshalb nicht mehr mitnehmen wolle. Ich gab die Frage an den Regierungsvertreter weiter. Erst in diesem Moment waren er und meine arabische Mitarbeiterin bereit zuzugeben, dass das Flugzeug sich gerade ohne uns zum Start aufmachte. Ohne die Aufmerksamkeit meiner Frau hätte man uns wohl noch eine Weile hingehalten, nur um das Gesicht zu wahren, wenn auch mit bedauerlichen Folgen. Letztendlich ging die Sache noch gut für uns aus, denn schließlich war der Flugmanager doch bereit, uns nachträglich einsteigen zu lassen.

Abschließend noch ein Wort zum Arbeiten im Fastenmonat

Ramadan:

Vonseiten des Arbeitgebers wurde ein verkürzter Arbeitstag für jene eingeräumt, die die Fastenregeln einhielten. Natürlich hätte kein Muslim freiwillig auf dieses Privileg verzichtet oder zugegeben, dass man es möglicherweise nicht so streng mit den Regeln hielte. Das wäre auch nicht zu kontrollieren gewesen. Nicht weniger schwierig war es allerdings, selbst den verkürzten Arbeitstag durchzusetzen. Leider besaß nicht jeder die Einsicht in die Notwendigkeit, zumindest die vorgeschriebene, verkürzte Zeit der Anwesenheit im Büro einzuhalten. Als »ungläubiger« Chef tat man sicher gut daran, dem nicht mit Kleinlichkeit und übertriebener Genauigkeit zu begegnen, was in der Region ohnehin nie gut ankam, aber in diesem Fall bewegten sich die Fastenden auf einem enorm gesteigerten Niveau der Konfliktfähigkeit, wenn nicht gar Aggressivität.

Ein weiterer Aspekt war, dass die Neigung und auch die physische Fähigkeit, tatsächlich zu arbeiten, mit jeder Stunde und mit jedem Tag des Ramadans rapide sank. Das wochenlange Fasten über den Tag wirkte sich auch dahingehend aus, dass sich zum Ende des Fastenmonats eine wachsende Zahl von Mitarbeitern in einer Art Trancezustand befand. Wie sollte man da noch eine sinnvolle Arbeitsleistung abrufen?

Zudem konnte man als Chef nur schwer dagegen ankämpfen, dass ein nicht geringer Teil der verbliebenen Arbeitszeit mit gemeinschaftlichem oder individuellem Beten im büroeigenen Gebetsraum verbracht wurde. Nicht zuletzt bestand in dieser Zeit ein erhöhtes Bedürfnis nach Gemeinschaft und interkollegialer Kommunikation. Insofern war es für einen Chef durchaus weise, in der Arbeitsplanung den Fastenmonat schon frühzeitig zu berücksichtigen, wichtige zu erledigende Aufgaben bereits vorher anzupacken und möglichst noch vor dem Beginn des Ramadans abzuschließen. Für den Fastenmonat blieben nur jene kurzfristig anfallenden Aufgaben übrig, die man nicht vorher absehen oder erledigen und auch nicht bis nach dem Ramadan verschieben konnte. Die restlichen Aufgaben wurden jenen übertragen, die vom Fasten nicht betroffen waren.

Die Situation stellt sich sicher für alle muslimischen Länder und Gesellschaften ähnlich dar, auch in der Diaspora. Wirtschaftlich müssen sie diesen Monat zu einem nicht geringen Teil abschreiben, auch wenn dies das gesamtwirtschaftliche Ergebnis der entsprechenden Volkswirtschaften deutlich schmälert.

Ein wichtiger Grund, der Arbeit fernzubleiben, ist im Übrigen, wenn Schnee gefallen ist. Da dies ein relativ seltenes Ereignis ist und ein Jordanier weder Schuhe noch irgendwelche andere Kleidung oder Ausrüstung für eine solche Situation besitzt und verständlicherweise auch kein Schneeräumdienst existiert, bleibt er dann einfach zu Hause in seinen vier Wänden und wartet, bis das Unglück vorüber ist. Das passiert zumeist innerhalb von zwei bis drei Tagen. Dafür hat fast jeder Arbeitgeber Verständnis.

Erfahrungen mit Handwerk und Dienstleistungen

Ein besonderes Kapitel sind die Handwerker in der Region. Man merkt schnell, dass es sich nicht wirklich um ausgebildetes, sondern eher um bei einem sehr einfachen Handwerksbetrieb angelerntes Personal handelt. Deshalb kommt am Ende meistens ein Ergebnis heraus, das wir aus vollem Herzen »Pfusch« nennen würden. Dabei begann jeder Besuch eines Handwerkers damit, dass gleich drei

Personen auftauchten.

So ganz sind wir nicht hinter das System gestiegen, doch aus der Beobachtung kann man es so beschreiben: Die erste Person, wohl der Chef, der auch ein wenig Englisch spricht, erkundigt sich beim Auftraggeber und vereinbart mit diesem, was zu tun ist. Daraufhin gibt dieser der zweiten Person in der Runde, vermutlich einem Vorarbeiter, auf Arabisch die notwendigen Anweisungen und geht. Zuletzt weist der Vorarbeiter jene dritte Person, die die eigentliche Arbeit ausführen soll, entsprechend ein. Nun kann Letzterer mit der Arbeit beginnen, wobei der Vorarbeiter ihn weiterhin überwacht. Dieser greift aber selbst nicht in den Arbeitsprozess ein, prüft am Ende nur das Ergebnis. So konnte auf diese Weise zumindest für zwei von drei Arabern der offenbar tief sitzende starke Drang befriedigt werden, den Chef herauszukehren.

Dieses System führte einmal dazu, dass sich gleichzeitig neun Handwerker in unserer Wohnung aufhielten. Zu Beginn gab es nämlich sehr viel in dem kurz zuvor fertiggestellten Haus zu reparieren. Als wir uns darüber wunderten wurden wir belehrt, dass genau dies typisch für Neubauten sei.

Gleich zu Beginn riefen wir einen Handwerker, um eine Gardinenstange anzubringen. Leider geschah dies nur nach Augenmaß, ohne solche überflüssigen Werkzeuge wie Wasserwaage oder Messlatte. Was dann mit Stolz vorgezeigt wurde, hing leider so schief, dass der Fehler sehr leicht mit bloßem Auge erkennbar war und die Arbeit korrigiert werden musste. Vorsichtshalber hatte ich mich diesmal entschieden, die Stellen für die Dübel selbst auszumessen.

Einmal hatten wir den Klempner bestellt, um einen flexiblen Wasseranschluss reparieren zu lassen. Derselbe hatte stark getropft und wir wollten auf Nummer sicher gehen, dass sich dieser Zustand nicht noch verschlimmerte. Nur wenige Stunden nach der Reparatur war der Anschluss während unserer Abwesenheit jedoch gänzlich abgerissen und das Wasser floss in Strömen aus dem kleinen Schlauch heraus. Nach unserer Rückkehr fanden wir die gesamte Wohnung weitgehend unter Wasser gesetzt. Glücklicherweise gab es Botschaften in Amman, die sich – in Kenntnis der inakzeptablen Qualität der handwerklichen Dienste und durch Erfahrung klüger geworden – ihre eigenen Handwerker aus ihren Heimatländern hielten. Ein solcher brachte unseren Anschluss nachhaltig in Ordnung und klärte uns darüber auf, dass Wissen und Fähigkeiten der angelernten örtlichen Handwerker oft so niedrig seien, dass sie nicht einmal wüssten, welche Dichtungsscheibe man für welchen Leitungsquerschnitt benötige.

Was den Umzug und die Montagemöbel anging, so blieb mir nach zwei erfolglosen Einweisungsversuchen nichts weiter übrig, als die Möbel selbst zu montieren. Es ist schwer zu beschreiben, welche Wirkung es auf die Angestellten der Umzugsfirma hatte, dass ein so »hochrangiger Boss« bereit und in der Lage war, selbst Hand anzulegen und dazu noch erfolgreich. Diese Branche, inklusive der privatisierten Mobilfunkbetreiber, war in den Jahren davor allerdings auch durch eine tief greifende Reform gegangen.

Wir hatten den Techniker rufen lassen, da das Telefon nicht funktionierte. Als er kam, rief mich meine Frau aufgeregt im Büro an, denn er hatte ihr zu verstehen gegeben, dass er die gesamte Telefonleitung kappen wolle. Umgehend begab ich mich zur Wohnung.

Dabei stellte sich heraus, dass auf der Telefonleitung 220 Volt lagen und er sie deshalb aus Sicherheitsgründen einfach durchschneiden wollte. Wir konnten ihn zum Glück jedoch überzeugen, erst einmal die Sicherungen abzuschalten und genauer nachzusehen, wodurch diese eigenartige Situation entstanden war. So stellte sich heraus, dass die Steckdosen für die Elektroleitungen und jene für das Telefon gleich nebeneinander angebracht worden waren. Soweit so gut. Man hatte in dem nagelneuen Haus aber nur eine einzige Wandvertiefung für die beiden Steckdosen und Systeme ausgehoben und dann alle überschüssigen Drähte beiderlei Herkunft zu einem einzigen Knäuel zusammengedreht und in die Vertiefung hineingedrückt. Durch die Nähe der Drähte war offenbar an einer Stelle die Isolierung geschmolzen und es war ein direkter Kontakt zwischen der Stromleitung und dem Telefondraht entstanden. Über diesen floss nun der Strom bei 220 Volt Spannung.

Ein anderes Kuriosum war der Vertrieb von Propangas-Flaschen in der Stadt. Das geschah im Wesentlichen durch einen Mann, der den lieben langen Tag durch die Viertel der Stadt fuhr und an einer Melodie zu erkennen war, die er von seinem Fahrzeug aus abspielte. Die Idee war also: Wenn man diese Melodie hört, dann ist der Propangas-Mann in der Nähe. Man kann sich also auf die Straße begeben, um seine leeren Gasflaschen gegen gefüllte zu tauschen.

In der Praxis lief es aber leider etwas anders: Der Gasverteiler war eigentlich den ganzen Tag über zu hören. Man hatte die Melodie beinahe ständig im Ohr, egal ob sie aus der Nähe oder Ferne erklang. Unterbrechungen gab es nur wenige. Es war deshalb schwer auszumachen, wann genau der Mann wirklich in der eigenen Straße auftauchte. Wenn man sich mit den leeren Flaschen auf die Straße begab,

war er meistens gerade weg oder man wartete noch ewig, bis er endlich um die Ecke bog. Besser wäre gewesen, er hätte sich ein zu der
Zeit bereits übliches Mobiltelefon zugelegt und Anrufe entgegenge-
nommen. So hätte man sich leicht verabreden können. Vielleicht hat
er genau dies inzwischen auch genau getan. Vielleicht würde er solch
eine übermäßige Organisation aber auch grundsätzlich ablehnen.

Hochzeiten, Kultur und Kunst

Die Gesellschaften im Nahen Osten sind nicht nur vom Clan-System geprägt, sondern auch, je nach Sichtweise, von einem Hochzeitskult oder einer Hochzeitskultur. Eheschließungen stehen permanent im Mittelpunkt des gesellschaftlichen Interesses, auf sie ist alles fokussiert. Sie sind der Kulminationspunkt persönlicher Ambitionen und gesellschaftlicher Anerkennung. Es gibt in Amman (wie auch anderswo im Nahen Osten) kaum einen Tag, an dem man nicht aus mindestens einer Himmelsrichtung die Böller eines Feuerwerks hört, das zu Ehren eines Verlobungs- oder Hochzeitspaares gezündet wurde. – Und ohne Verlobung keine richtige Hochzeit. Es wäre ja noch schöner, wenn man sich des Vergnügens einer zweiten Feier berauben würde.

Wegen des Bevölkerungszuwachses (ca. 55 % der jordanischen Bevölkerung sind jünger als 25 Jahre, ca. 35 % unter 15 Jahre alt) nimmt dabei die Zahl der jungen Menschen ständig zu und so auch jene der Eheschließungen. Dementsprechend sind geeignete Örtlichkeiten, insbesondere Säle in Hotels, das ganze Jahr über weitgehend für Hochzeiten ausgebucht.

Aufgrund der weitläufigen Clan-Verflechtungen kann es durchaus passieren, dass einige Leute ein Dutzend Mal im Jahr Gäste einer solchen Verlobungs- oder Hochzeitsfeier sind und man sich zu diesen Gelegenheiten ständig wieder trifft. »Sehen und gesehen werden« ist dabei die Parole.

Nicht nur von jenen, die über das nötige Kleingeld verfügen, werden Hochzeitsfeiern im ganz großen Stil ausgerichtet. Da man es sich wegen der unabsehbaren Folgen nicht leisten kann, irgendein

Mitglied des Clans von der Feier auszuschließen, zieht man es vor, sich auf Jahre hinaus zu verschulden, anstatt sich langjährigen Ärger einzuhandeln und im Clan schlecht angesehen und dadurch benachteiligt zu werden. Außerdem gehört es natürlich zum guten Ton, sich als möglichst vermögend, erfolgreich und großzügig zu präsentieren; das gilt sowohl für das junge Paar als auch für dessen Eltern. Eine Gästeliste von 1000 Personen ist deshalb eher als eine Untergrenze für solche Feiern anzusehen, was Ausgaben von umgerechnet 50.000 Euro und mehr bedeutet.

Aber auch die Gäste sind genötigt, entsprechend zu investieren, sowohl in Geschenke als auch in Kleidung. Man kann es sich nämlich in der Regel nicht leisten, mehr als einmal dasselbe Kleid auszuführen und man sollte sich auch über den Tag mindestens einmal umziehen.

Wir sind selbst einmal per Zufall in eine solche Verlobungsfeier geraten, als wir mit Freunden aus Italien, die uns in Amman besuchten, ohne Anmeldung eine bekannte Gaststätte aufsuchen wollten. Diese war jedoch bereits voll besetzt. Da meine Frau und ich den elitären Gästen aus öffentlichen Auftritten bekannt waren, glaubten sie, dass wir ebenfalls auf der Gästeliste der Verlobung standen, bis wir den Irrtum aufklären konnten.

Auch wenn dies für den durchschnittlichen Mitteleuropäer schwer vorstellbar ist, so möchte ich behaupten, dass solche Feiern die Liste der Freizeitvergnügungen in diesen Gesellschaften anführen, dass sie neben religiösen Verpflichtungen und dem Fernsehen das kulturelle Leben dominieren und es im weitesten Sinne gewissermaßen selbst verkörpern.

Die Freizeit in Amman sinnvoll zu verbringen – wie im Übrigen in vielen Städten der Dritten Welt – ist für unsereins ungewohnt und nicht ganz so einfach. Es sei denn man liebt es, regelmäßig Stunden am Ufer des Toten Meeres, im Restaurant des Tennisklubs oder einem der internationalen Hotels der Stadt mit einem Drink zu verbringen. Vor allem für jene, die eine aktive Freizeitbeschäftigung lieben, fehlt oft die gewohnte Infrastruktur, nur in manchen Hotels kann man etwas Fitness betreiben. Das Spazierengehen verbietet sich wegen der prallen Sonne und der fehlenden Flanier-Möglichkeiten oder Parks, es sei denn im zentralen Basar »Down Town«, wo man aber von den Einheimischen mit ungläubigem Erstaunen beobachtet wird. Man kann natürlich Ausflüge zu den in Jordanien vorbildlich gepflegten Städten des Altertums unternehmen, wie der Zitadelle, dem Römischen Theater, der griechisch-römischen Ruinenstadt Gerasa, den Ruinen Umm er-Rasas, dem Mount Nebo, dem Sterbeort Moses mit seiner einzigartigen Aussicht über das gelobte Land (falls das Wetter mitspielt), sowie die Stelle der Taufe von Jesus am Jordan-Fluss. Andere, wie das berühmte Petra, die Kreuzritter-Festung Ajloun, Gadara (Umm Qais) mit seiner umwerfenden Aussicht auf den See Genezareth und die Golan-Höhen oder das Wadi Rum bedürfen einer längeren Anreise. Überhaupt ist das Land voller biblischer und antiker Stätten und wer möchte, kann sich hier auf deren Spuren begeben.

Schwieriger wird es damit, was wir in Europa heute unter Kulturleben verstehen. Dafür gibt es in diesen Gesellschaften nur wenig entsprechende institutionelle Strukturen und kaum durchgehende Traditionslinien. Dies hat in erster Linie damit zu tun, dass unser heutiges europäisches Kulturleben, ganz gleich ob es höfischer oder städtischer Tradition entspringt, seinen eigentlichen Ausgangspunkt in der Renaissance hat, die in italienischen Städten wie Florenz ihren Anfang nahm. Damals begannen sich die Künste allmählich aus dem Korsett der Bevormundung durch die Religion zu befreien, weltliche Kunst- und Ausdrucksformen als Alternative zur religiösen Kunst zu entwickeln und zu immer neuer Blüte zu bringen. Südlich wie nördlich der Alpen spielten dabei, neben dem höfischen Repräsentationsbedürfnis der adligen Landesherren, vor allem die Bürger in den freien Städten eine große Rolle. Sie brachten ihr neues Selbstbewusstsein und ihren neuen Reichtum neben Bauwerken vornehmlich über die Förderung der Künste zum Ausdruck.

Ein beredtes Beispiel für diesen Wandel zum Diesseits und dieses neue bürgerliche Selbstbewusstsein ist die von der städtischen Bergknappschaft der Stadt Annaberg in Sachsen in Auftrag gegebene und 1517 erfolgte erstmalige Darstellung der bergmännischen Arbeitswelt auf der Rückseite des Bergaltars der dortigen St.-Annen-Kirche durch den Maler Hans Hesse. Dies trifft auch auf die Gründung des ältesten Stadttheaters der Welt in Freiberg (Sachsen) zu, einem weiteren Zentrum des erzgebirgischen Silberbergbaus und bedeutsamen Beispiels frühkapitalistischer Entwicklung nördlich der Alpen. Das Aufkommen der Oper als neue, säkulare Musikgattung im Florenz des ausgehenden 16. bzw. beginnenden 17. Jahrhunderts ist einem Mäzen namens Graf Bardi zu verdanken, der den Schöpfern derselben finanzielle und gestalterische Freiräume verschaffte und sie dabei als Bankier und offizieller Eintreiber der Kirchensteuer für den Papst vor eventuellen Interventionen des Letzteren schützte.

Derartige Voraussetzungen hat es in den islamisch geprägten Clan-Gesellschaften des Nahen Osten und darüber hinaus bis in die

Neuzeit kaum gegeben. Wenn auch der Nahe Osten den europäischen Gesellschaften im Frühmittelalter, wie auch während der ersten Jahrhunderte der Herausbildung des Islam, in der allgemeinen Entwicklung und in der Blüte des Geisteslebens sowie der Künste, mit einem gewissen Höhepunkt um das 10./11. Jahrhundert, weit voraus war, so waren die darauffolgenden Jahrhunderte von einem allmählichen Niedergang und teilweisen Bruch mit Traditionslinien gekennzeichnet. Bis heute konnte sich das künstlerische und Geistesleben in diesen Ländern nicht wirklich von der Bevormundung durch die Religion befreien und eigene säkulare Ausdrucksformen zur Blüte bringen. Der bis heute in den betreffenden Gesellschaften allmächtige Islam hat stets gelehrt, sich nur dem Koran zuzuwenden und sich von keinen unnützen Studien und Freizeitvergnügungen ablenken zu lassen. Daran hat sich bis heute prinzipiell wenig geändert. Hinzu kommen relativ eng begrenzte Regeln für künstlerische Tätigkeit.

Auch die gegensätzliche Entwicklung der Stadtstrukturen in Europa und im Nahen Osten hat wegen der Vernachlässigung, wenn nicht gar Missachtung des öffentlichen Raumes die Entwicklung von Kultur und Künsten in der Region eher ausgebremst. Neue Impulse für künstlerische Entwicklungen kamen zumeist erst im späten 19. und 20. Jahrhundert und von außen, so unter westeuropäischem (z. B. Türkei, Ägypten, Maghreb) oder sowjetischem (z. B. Syrien, Irak) Einfluss, zumeist begrenzt auf gewisse städtische Milieus. Dabei konnte wiederum zum Teil an eigene, lange unterbrochene Traditionen angeknüpft werden.

Nicht zuletzt stehen Künstler, wie bereits erwähnt, bis auf einige durch Film und TV bekannte Gesangsstars eher auf einer niedrigen Stufe gesellschaftlicher Anerkennung.

Deshalb kann man, mit Ausnahme des traditionellen Kunsthandwerks, auch weder von einer ungebrochenen Tradition noch von einer flächendeckenden Landschaft von Theater, Ballett oder Oper, von Gemäldegalerien, Konzertsälen oder Allgemeinbibliotheken sprechen, so wie wir das in Europa gewohnt sind. Bildhauerei ist als Kunstform kaum bekannt und Skulpturen nach menschlichem Vorbild sind unüblich, wenn nicht untersagt. Selbst Literatur und Prosa im Sinne der europäischen säkularen Nationalliteraturen sind, bis auf hoch entwickelte traditionelle Überlieferungen und Erzählungen wie »1000 und eine Nacht«, von denen übrigens auch Europa beeinflusst wurde, in den meisten dieser Gesellschaften weit weniger ausgeprägt und viel späteren Datums, weniger verbreitet und bis heute oft religiös bezogen. Die »Satanischen Verse« von Salman Rushdie sind für den letzteren Aspekt ein beredtes Beispiel. Ich erinnere an die erwähnte geringe Zahl von Übersetzungen ausländischer Literatur.

Insofern sind diese Gesellschaften als Ganzes wie auch deren Mitglieder bis heute weit weniger von gesamtgesellschaftlich relevanten künstlerischen Prozessen und Auseinandersetzungen beeinflusst, als dies in Europa seit der Renaissance systematisch geschah. Das Ideal des Bildungsbürgers wie im Europa des 19. und 20. Jahrhunderts hat es dort kaum gegeben, es sei denn jenes einer sehr kleinen, des Hocharabisch mächtigen Elite und unter anderem Vorzeichen. Das hat auch mit einem mehrere Jahrhunderte währenden wirtschaftlichen und politischen Stillstand zu tun.

Vor diesem Hintergrund kann man verstehen, dass die meisten Einwanderer aus diesen Ländern aufgrund fehlender Bezugspunkte aus ihren eigenen Gesellschaften oft wenig mit den kulturellen Institutionen und Traditionen in Europa anzufangen wissen, noch viel weniger als bildungs- und kunstferne Menschen in Deutschland oder anderswo in Europa, zumal wenn sie ebenfalls nicht aus elitären oder intellektuellen Schichten stammen. Die einzige Alternative wäre, sie systematisch an diese Institutionen und Traditionen heranzuführen, soweit sie dafür selbst Neugier und Interesse zeigen und ihr religiöser Hintergrund sie dabei nicht ausbremst.

Aufgrund der niemals wirklich erfolgten Trennung von Kunst und Kultur vom Islam haben dessen Regeln zusätzlich unmittelbaren Einfluss auf jeglichen Kultur- und Kunstbetrieb. So ist die bildliche Darstellung des menschlichen Antlitzes und noch mehr des Religionsgründers oder Allahs bis heute ein Tabu. Die wochenlangen Demonstrationen in der gesamten islamischen Welt wegen der dänischen Mohammed-Karikaturen, der Terrorakt gegen die Redaktion der Satire-Zeitschrift »Charlie Hebdo«, die Ablehnung des nach dem Comic der iranischen Autorin Marjane Satrapi produzierten Zeichentrickfilms »Persepolis« – weil er zwei Sekunden lang ein Antlitz Gottes zeigt – oder die regelmäßigen Proteste von Muslimen in Deutschland gegen irgendwelche Abbildungen auf völlig belanglosen Produkt-Verpackungen sprechen hier eine deutliche Sprache. Deshalb begrenzt sich bildliche Darstellung und Malerei in diesen Ländern bis heute zumeist auf Kalligrafie oder pflanzliche und tierische Motive.

In diesem Zusammenhang möchte ich auf eine interessante Entdeckung verweisen: Der heute wieder freigelegte Mosaikfußboden einer christlich-orthodoxen Kirche bei der Stadt Madaba, nicht weit von Amman, einer Welterbestätte der UNESCO, die die vor-islamische Periode und die Frühzeit des Islam umfasst, zeigt eine riesige zeitgenössische Karte des Nahen Ostens mit allen bekannten antiken Städten. Diese Darstellung ist gesäumt von zahlreichen menschlichen Porträts. Dabei fällt auf, dass die Porträts, offenbar durch das nachträgliche Einsetzen größerer Mosaiksteine, bewusst unscharf gemacht wurden. Dies spiegelt vermutlich den damaligen Trend zur Abkehr von bildlicher Darstellung wider, den der Islam verabsolutiert und bis heute als Dogma bewahrt hat.

Was die Musik angeht so steht sie ebenfalls unter dem Generalverdacht des konservativen Islam, vom rechten Weg abzulenken. Originäre Musik beschränkt sich neben der religiösen Musik hauptsächlich auf das, was wir traditionelle oder Volksmusik nennen und die dazu gehörigen Instrumente sowie eine der westlichen Pop- und Rockmusik adäquate regionale Szene. Eine entwickeltere Form lokal geprägter Musik, wie sie durch die europäische klassische Musik oder auch in China und Indien hervorgebracht wurde, hat keine Verbreitung gefunden.

Arabische Musik ist typischerweise homofon (einstimmig). Sie legt den Schwerpunkt nicht auf Harmonie, sondern auf Melodie und Rhythmus. Während die westliche Musik ausschließlich auf Halbton-Intervallen basiert, kennt die arabische Musik auch dazwischenliegende Klänge, vorrangig Vierteltöne. Die auf vor-islamische Zeiten zurückgehende Tradition der Gesangsvirtuosen ist darauf angelegt, den Zuhörer mit lang anhaltenden, verzierten, koloraturhaft melismatischen Tönen in eine Art Ekstase zu versetzen. Es gibt dagegen keine auf Polyfonie beruhende Gesangskultur, weder Chöre noch ein Wort dafür. Bei einem vierstimmigen A-cappella-Konzert eines Solisten-Ensembles, das zu meiner Zeit vom UNESCO-Büro organisiert wurde, tat man sich deshalb schwer, die Gattung der Gesangsgruppe zu benennen und wunderte sich, dass die Sänger »wie Instrumente klangen«.

Dabei ist uns aufgefallen, dass es unter einer kleinen Elite der

Region, darunter nicht wenige Christen, durchaus eine gewisse Aufgeschlossenheit und Neugier für europäische klassische Musik gibt. Mit Unterstützung von Königin Rania und in Zusammenarbeit mit einer ebenfalls interessierten Botschaft eines anderen Landes, hat das UNESCO-Büro über zwei Jahre hinweg mehrere klassische Konzerte mit namhaften Künstlern in Amman und am Toten Meer organisiert. Als Orte für die Konzerte kamen i. d. R. nur internationale Hotels infrage, die allein über halbwegs akzeptable Flügel verfügten und für ihre Klientel die Konzerte sponserten. So wurde das UNESCO-Büro unter den Eliten in dieser Zeit in Jordanien sehr bekannt, zumal es keine Konkurrenz zu unseren Konzerten gab.

Hemmnisse einer weiteren Entwicklung im Bereich der europäischen klassischen Musik sind sicherlich, neben fehlenden Traditionen, auch der Mangel an relativ gut ausgebildeten Musikern, Musikwissenschaftlern, Komponisten und einem diesbezüglich musikverständigen Publikum. Schon viele Werke von Johann Sebastian Bach sind allein wegen ihres christlich-protestantischen Hintergrunds »verdächtig«, obwohl sein Œuvre vom Rest der Welt als eine allgemein menschliche Musik wahrgenommen wird.

In Amman existierte nach unserer Kenntnis nur ein Amateurorchester für klassische Musik, das sich aus Schülern der örtlichen Musik-Akademie rekrutierte und das nur selten und unregelmäßig auftrat. Kurz nach unserer Ankunft waren wir bei einem solchen Konzert anwesend und stellten erstaunt fest, dass es 30 Geiger, zwei Bratschen, zwei Cellisten und keine Bläser zählte. Die Zusammensetzung richtete sich ganz einfach nach dem vorhandenen Bestand an Musikschülern. Eine Lehrerin der Musikakademie berichtete uns, dass die meisten Schüler erst im Erwachsenenalter mit dem Erlernen eines Instruments begännen. Der Direktor habe die Musiklehrer angehalten, nicht allzu streng zu sein, um die zahlenden Kunden nicht zu verprellen. Zu den jährlichen Examina sei stets ein einziger Prüfer speziell aus Großbritannien angereist, um ganz allein die Prüfungen für alle Instrumente abzunehmen. Grundlagen der Musiktheorie wurden überhaupt erst ab dem Beginn der 2000er-Jahre gelehrt, als erstmals eine dafür qualifizierte Person zur Verfügung stand – eine aus Russland stammende Pianistin. Diese war mit einem irakischen Musiker verheiratet und mit diesem wegen des Irakkrieges nach Amman geflohen.

Klassisches Ballett ist in diesen Ländern weitestgehend unbekannt (wohl mit Ausnahmen in Syrien und im Irak durch den kulturpolitischen Einfluss der Sowjetunion). Zudem ist im Islam das Tanzen eigentlich nur Frauen, in entsprechender Umgebung und hauptsächlich als Bauchtanz erlaubt.

Einmal wurde aus dem Kreis der Asyl-Iraker angefragt, ob wir nicht eines unserer Konzerte als Abend des klassischen Balletts gestalten könnten. Daraufhin haben wir natürlich zuerst bei den entsprechenden Stellen sondiert, ob dies nicht schon wegen der Kleidung der Tänzerinnen als anstößig empfunden würde und uns in Schwierigkeiten bringen könnte. Man beruhigte uns jedoch, da nur aufgeschlossenes Publikum eine Einladung erhalten würde. Der Abend war dann eine Sensation für Amman und glücklicherweise ein unbestrittener Erfolg.

Die Museenlandschaft ist sehr übersichtlich und betrifft vornehmlich Sammlungen von Artefakten aus vor-islamischer Zeit sowie Objekte des UNESCO-Weltkulturerbes, wie zum Beispiel die archäologischen Stätten in Petra und in Umm er-Rasas. Obwohl in dieser Region in vor-islamischer Zeit derart herausragende kultur-historische

Leistungen vollbracht wurden, dass sie zuweilen als die Wiege der Menschheit bezeichnet wird (z. B. Babylon und Nimrud im Irak), so beziehen sie sich doch zumeist auf Ausgrabungsstätten und Ruinenstädte von der Antike bis in die Zeiten Roms, also auf die Zeit vor der Herausbildung des Islams. Hinzu kommt, dass konservative islami(sti)sche Kreise immer wieder vor-islamische Kunst als Häresie brandmarken, was in Einzelfällen sogar zur Vernichtung einzigartiger Artefakte vor-islamischer Kunst von allgemeinmenschlicher Bedeutung geführt hat. In jüngster Vergangenheit betraf dies die Zerstörung des irakischen Nationalmuseums und der Nationalbibliothek in Bagdad, die Sprengung der riesigen Buddha-Statuen von Bamiyan in Afghanistan, die Sprengung der Ruinenstadt Palmyra in Syrien durch die Terrororganisation »IS« sowie der Mausoleen und der als Bibliothek antiker Handschriften dienenden Lehmmoscheen in Timbuktu (Mali). Somit fallen auch Bruchstellen zur eigenen vor-islamischen Vergangenheit auf. Für Jordanien, das zahlreiche vor-islamische und biblische Stätten vorbildlich schützt und pflegt, trifft dies glücklicherweise nicht zu.

Als Beispiele einer neuerlichen Öffnung für äußere Einflüsse durch relativ »aufgeklärte Herrscher« (wiederum vergleichbar mit Europa im Mittelalter) können die Eröffnung eines Opernhauses in der Hauptstadt des Oman 2011 sowie die Präsentation von Opernaufführungen in neu erbauten Kulturzentren in Abu Dhabi ab 2012 (in Zusammenarbeit mit dem »Royal Opera House« in London) und in Dubai (2016) genannt werden. Sie ergänzen damit die bisher einzigen Opernhäuser im arabischen Raum in Beirut und Kairo.

Im November 2017 wurde der »Louvre Abu Dhabi« auf der dem Küstenstaat vorgelagerten künstlichen Insel Saadiyat eingeweiht. Er hat mit dem Pariser Louvre allerdings nur den Namen als »Marke« gemein und ähnelt mit seinen zahlreichen Gebäuden insgesamt eher einem Konferenzzentrum. Die 600 zumeist aus Frankreich zur Verfügung gestellten Kunstobjekte wurden zu einer Art erstem universellen oder Weltmuseum im arabischen Raum zusammengestellt und repräsentieren in einer direkten Gegenüberstellung alle wichtigen Zivilisationen und Kunstepochen, von der Vorgeschichte bis zur modernen Kunst. Es bleibt abzuwarten, ob diese Ereignisse als erste vorsichtige Anzeichen einer allmählichen Aufklärung und Renaissance auch im Orient gedeutet werden können, wobei eine gewisse Säkularisierung bisher nicht einmal im Ansatz zu erkennen ist.

Interessant scheint hier auch der Vergleich mit Russland, das aufgrund seiner sehr frühen byzantinischen und orthodox-christlichen Prägung sowie seiner eigenen muslimischen Bevölkerungsanteile bis ins 17. Jahrhundert den orientalischen Zuständen weitaus näher war als jenen im westlichen Europa.

Zar Peter I. (auch Peter der Große genannt), der von 1682 bis 1725 regierte, reformierte das Land von Grund auf im aufklärerischen Sinne. Im Zusammenhang mit dem Thema dieser Publikation ist von besonderem Interesse, dass er energisch mit Verhaltensweisen und Regeln brach, die wir bis heute in islamisch geprägten Gesellschaften beobachten können. So besaßen alle Häuser ursprünglich zwei strikt getrennte Flügel, einen für die Männer und einen für die Frauen. Letztere durften sich nur in ihrem Bereich aufhalten und mussten sich, ganz wie in vielen islamischen Gesellschaften noch heute üblich, stets so kleiden, dass nur noch ihr Gesicht zu erkennen war. Zar Peter I. befahl seinen Untertanen, die Trennung im Hause aufzuheben und den Frauen einen gleichberechtigten Platz am Tisch des Hauses neben den Männern einzuräumen. Zudem wies er die Frauen an, ihr Haar nicht mehr zu verbergen. Für beide Geschlechter ordnete er an, europäische Kleidung zu tragen und nur mit solcher zu offiziellen Anlässen zu erscheinen. Andere Modernisierungen der Lebensweise betrafen die Forderung, Bilder an den Wänden der Häuser aufzuhängen, Musikinstrumente zu erlernen und Hauskonzerte zu organisieren.

So verschaffte Peter der Große seinem Land eine beschleunigte »Aufklärung von oben«, die Russland bald weitgehend aus den Fesseln der nahöstlich geprägten Rückständigkeit befreite.

Überzeugte Fatalisten

So wie sich die Mentalität im Orient von jener im Westen deutlich unterscheidet, weicht auch der Blick auf das Leben hier und dort merklich voneinander ab. Im Nahen Osten herrscht eine fatalistische Lebenshaltung vor. Man ist überzeugt, dass das Leben in erster Linie vom Schicksal bestimmt wird, ganz gleich ob man es »Gott« oder anders nennt. Vor diesem Hintergrund macht man sich auch nicht allzu viele Illusionen, auf das Schicksal Einfluss nehmen zu können, und versucht daher eher, das Beste aus dem zu machen, was einem gerade zugänglich ist. Das hervorstechendste Anzeichen hierfür ist, dass auf nahezu jeden gesprochenen Satz der Ausruf »Inschallah« (So Gott will) folgt, denn man geht davon aus, dass auch dann, wenn der Mensch denkt, es immer Gott ist, der lenkt.

Eine der wenigen Ausnahmen ist das bewusst gewählte, religiös definierte und bei vielen im Ansehen relativ hochstehende Märtyrertum, also beispielsweise sein Leben durch ein Selbstmordattentat zu opfern. Damit kann man nicht nur direkt ins Paradies mit all seinen vermeintlichen Verlockungen einziehen, sondern auch das Ansehen des eigenen Clans mehren. Wenn wir modernen Westeuropäer uns heute wundern, wie man so leicht sein Leben irgendeiner Sache opfern kann, so vergessen wir natürlich, dass die ältesten Heiligen der Katholischen Kirche alle als Märtyrer gestorben sind und bis heute als solche verehrt werden. Die berühmten japanischen Kamikaze haben noch vor weniger als 80 Jahren das Gleiche wie die heutigen Selbstmordattentäter getan, indem sie sich als Selbstmordpiloten hergaben, eine Handlungsweise, die fatal an das Attentat auf die Türme des World Trade Centers in New York erinnert. Damit soll eine solche

Handlungsweise keinesfalls gerechtfertigt werden.

Neben dem speziellen Märtyrertum, das gerade heutzutage durch den politischen Islam einen gewissen Aufschwung kennt, kann insgesamt von einer allgemeinen Todesverachtung gesprochen werden, die sich überall im Alltag zeigt. Gerade für einen Deutschen, der sich gerne zu 150 Prozent gegen alle Widrigkeiten des Lebens und auch noch das letzte kleine Risiko absichern möchte und dessen Heimatland keine menschliche Handlungsweise dem Zufall überlässt, sondern alles bis ins kleinste Detail durch ein umfangreiches Regelwerk abdeckt, muss dies schockierend wirken. Beispielhaft kann man das an folgendem Vorfall erläutern:

Als ich einmal aus dem Fenster unserer Wohnung sah, erblickte ich am Haus gegenüber zwei Männer, die gerade dabei waren, die Fassade dieses Hauses etwa in der Höhe der dritten Etage zu bearbeiten. Auf den ersten Blick nichts Ungewöhnliches, auf den zweiten Blick wurde mir jedoch klar, dass sie weder auf einem Gerüst standen noch – wie heute oft beim Reinigen von Hochhausfassaden üblich – sich wie Bergsteiger abgeseilt und vollständig gegen mögliche Unfälle abgesichert hatten. Jeder der beiden Männer stand oder saß abwechselnd auf einem wohl etwa drei Meter langen Brett, das auf zwei Rundstöcken lag. Letztere waren an zwei Seilen befestigt, etwa so, wie dies früher bei Kinderschaukeln üblich war. Die Seile hingen vom Dach herunter, nur durch das Eigengewicht der »Schaukel« und jenes der Männer beschwert. Die Rundstöcke, auf denen die Bretter ruhten, ragten nach beiden Seiten circa dreißig Zentimeter über diese hinaus und dienten so gleichzeitig als Abstandhalter zur Wand. Dies bewirkte eine relative Stabilität der Konstruktion und unterdrückte deren Schaukeln bei den Bewegungen der Männer. Diese bewegten sich sicherer als eine Turnerin auf dem Schwebebalken. Sie setzten sich, standen wieder auf, beugten sich nach vorn oder zur Seite und hantierten mit Spachteln, Reibebrettern und Malerrollen sowie mit Eimern voller Farbe. Dabei waren sie durch nichts gesichert, wurden nur durch ihre geradezu artistische Kunst der Balance vor einem Absturz bewahrt. Nach Abschluss der Arbeiten am Ende des Tages verließen sie ihre schwankende Stellung durch ein Fenster des Hauses. Später habe ich solche Szenen noch oft beobachten können und verstand, dass es sich hier nicht um eine Ausnahme oder zwei besonders verwegene Handwerker gehandelt hatte, sondern dass dies eine übliche, weit verbreitete und allgemein akzeptierte Verhaltensweise war. Todesverachtung und Gottesglaube triumphieren im Nahen Osten über Arbeits- und Unfallschutz. Die das andere Extrem repräsentierende, oft ins Absurde abdriftende Regelungswut in Deutschland würde bei ihnen wohl nur ungläubiges Kopfschütteln hervorrufen.

Zum Fatalismus passt sehr gut, das Leben und die Entwicklung in der Welt eher als einen ewigen Kreislauf, gegebenenfalls als Spirale zu betrachten, mit einer starken Fokussierung auf Vergangenheit und Tradition, die es zu bewahren gilt. Genau dies ist im Nahen Osten, wie generell in weiten Teilen dieser Welt, der Fall. Die im Kapitel zur Clan-Gesellschaft beschriebene Fixierung auf die Herkunft des Individuums aus einem ganz bestimmten Clan passt sich ebenfalls sehr gut in diese Weltsicht ein. Es handelt sich hierbei faktisch um den (Zu-)Stand, in dem man sein Leben lang »gefangen« bleibt, in dem man jedoch auch familiäre Erfüllung und kollektive Geborgenheit sowie Schutz und Absicherung findet. Die dortigen Gesellschaften zeigen gleichzeitig durch einen hohen Geburtenüberschuss viel Optimismus und Glaube an die Zukunft. Dabei werden die Alten allseits geachtet und als Träger von Tradition und Weisheit wertgeschätzt.

Die beschriebene Weltsicht spiegelt sich auch in dem zweiten permanent zu hörenden Ausruf wieder, nämlich »Bouchra« (morgen), was soviel bedeutet wie: »Alles hat Zeit bis morgen oder bis übermorgen oder bis über-übermorgen, und man soll es gefälligst mit der Eile nicht übertreiben.« Manchmal wurde uns auch gesagt: »Wir haben die Zeit und ihr habt die Uhr«.

Ein dritter viel geliebter Ausruf, der diese Weltsicht ebenfalls gut widerspiegelt lautet »Maalesh«, was so viel heißt wie: »Tut mir leid. Hat halt wieder einmal nicht so ganz geklappt wie ursprünglich geplant. Vielleicht gelingt es das nächste Mal besser.« Man nimmt also Fehler und Misserfolge leicht und lässt sich davon weder beirren noch entmutigen. Man ist doch schließlich noch am Leben und vielleicht sogar bei bester Gesundheit, es geht trotz alledem jeden Tag die Sonne wieder auf und man kann ohnehin seinem Schicksal nicht entrinnen.

Im Übrigen hätte diese Beschreibung auch gut in das vorherige Kapitel über »Arbeiten im Nahen Osten« gepasst, denn insbesondere als Vorgesetzter hat man sich ständig mit einer solchen, nicht immer auf konkrete Ergebnisse ausgerichteten Haltung auseinanderzusetzen.

Wie mir erzählt wurde, hat eine US-amerikanische Journalistin diese Triade der ständigen Ausrufe einmal als »IBM-Mentalität« zusammengefasst (aus den ersten Buchstaben von »Inschallah«, »Bouchra« und »Maalesh«), eine durchaus originelle Bezeichnung. Sie ist auch insofern zutreffend, weil sie diese drei Ausrufe damit zusammen als grundlegend für die vorherrschende Mentalität charakterisiert hat.

Zum Fatalismus passt auch sehr gut die – nach unseren Maßstäben – mangelnde Logik. Das ist nicht nur ein Phänomen des Orients. Der Bildungsminister eines mittelamerikanischen Landes hat mir einmal mitgeteilt, dass er sich mit dem Gedanken trage, Logik-Unterricht in den Schulen einzuführen, da dies eine generelle Schwäche seiner Landsleute und Gesellschaft sei. Das Gleiche habe ich im Nahen Osten empfunden. Wenn die Leute dort eine Logik haben, und davon muss man ja wohl ausgehen, dann ist es eine völlig andere Logik als jene, nach der wir uns in Europa richten und auf deren Grundlage wir denken und handeln.

Auch hier bietet sich nochmals der Vergleich zu Russland an, einer Gesellschaft, die ganz ähnliche Phänomene aufweist, wohl weil sie durch ihre Mittellage zwischen Orient und Okzident historisch starken Einflüssen von beiden Seiten ausgesetzt war. Man kann Russland deshalb auch als »orientalisches Land im nordischen Klima« bezeichnen. Die oben genannte »Triade« hat so ihre genauen Entsprechungen auch in der russischen Sprache und Verbreitung im russischen Alltag gefunden.

Im Westen hat sich in den letzten Jahrhunderten dagegen eine eher lineare Vorstellung vom Leben und von der Entwicklung herausgebildet. Wir blicken gespannt auf das, was *wir* von der Zukunft erwarten (und nicht etwa darauf, was die Zukunft uns bringen wird), als hätten wir es in der Hand, diese selbst zu bestimmen. Wir glauben deshalb an ein beständiges Wirtschaftswachstum und den ewigen Fortschritt, als hätte es nie Brüche und Rückschritte in der Geschichte gegeben. Das hat wohl mit dem Erfolg des europäischen Entwicklungsmodells seit der Renaissance zu tun.

Dazu passt der verbreitete Glaube, dass wir alles kontrollieren können. Wir wundern uns, wenn dies nicht funktioniert und wenn zum Beispiel das Wetter nicht dem Wetterbericht folgt. Bei Naturkatastrophen suchen wir gewöhnlich nach Schuldigen. Wir sehnen uns nach der nächsten großen Erfindung, die uns dann ganz sicher die Kontrolle über alles in die Hand geben wird. Dabei übersehen wir geflissentlich die zunehmende Verletzlichkeit der vernetzten technischen Systeme, die auch uns selbst immer verwundbarer macht. So können ein einfacher Stromausfall oder ein Computervirus die Grundlagen unserer täglichen urbanen Lebensweise plötzlich flächendeckend ausschalten und uns so den Boden unter den Füssen wegziehen.

Wir wundern uns, dass es trotz enormer Fortschritte in der Medizin noch unheilbare Krankheiten gibt, verdrängen gleichzeitig jedoch, dass wir Gefahr laufen, in jenes Zeitalter vor der Erfindung der Antibiotika zurückzufallen, in der jede kleine Infektion tödlich sein konnte.

Wir erheben zum Kult, was wir mit wechselnden Moden unter gesunder Ernährung verstehen, und vernachlässigen gleichzeitig die einfache, selbst kontrollierte Zubereitung unserer Speisen aus frischen Zutaten.

Wir verachten inzwischen zunehmend Schönheit und Anmut, verbannen sie immer mehr aus unserem Leben, unserem Bewusstsein und unserem Alltag, sei es in der Kunst, in der Mode, in der Architektur, in den Medien, in den Schulen, in den Wohnungen, in den Straßen und Stadtvierteln, in den Tempeln des Konsums und des Amüsements. Sogar unsere eigenen Körper entstellen wir mit wachsender Begeisterung. Als die neuen Ideale gleichmacherischer Ideologien werden im besten Falle Nüchternheit, zunehmend jedoch

Verwahrlosung und Hässlichkeit zelebriert.

Wir träumen vom ewigen Leben, während immer mehr Junge die Alten eher als Bürde betrachten und gar als Vertreter »überholter Auffassungen und Handlungsweisen« verachten.

Wir lassen uns von den Medien einreden, dass nur Selbstverwirklichung und Karriere uns das vermeintliche Paradies auf Erden bescheren und dass Partnerschaft und Familie hinter unsere narzisstischen Reflexe und Bedürfnisse zurücktreten müssen. Deshalb erfinden wir Familie und Partnerschaft neu, um sie unseren individuellen Interessen unterzuordnen. Wir glauben, wir müssten unsere Kinder in Watte packen und vor jeder noch so kleinen Herausforderung des Lebens schützen. So machen wir aus ihnen lebenslang infantile Wesen, die immer öfter unwillig oder gar unfähig sind, Verantwortung zu übernehmen.

Immer mehr Menschen wenden sich von den traditionellen Religionen ab, nur um sie sofort durch neue »Glaubensrichtungen« wie Klimarettung, Genderideologie oder auch nur Mülltrennung zu ersetzen. Gleichzeitig berauschen sich die Menschen zunehmend am Missionarischen sowie am Verlangen, die Welt zu retten, wenn nicht gar zu erlösen – wovor auch immer. Dahinter stehen oft das individuelle und kollektive Unvermögen, sich einfach am eigenen Dasein jetzt, hier und heute zu erfreuen, und der Drang, das eigene innere Vakuum zu füllen.

Wir verabsolutieren das Heute und vergessen immer öfter den Blick weit in die Vergangenheit, die uns sagt, woher wir tatsächlich kommen. Gleichzeitig üben wir uns bereits wieder darin, Andersdenkende auszugrenzen, statt mit ihnen zu debattieren. Wir vernachlässigen immer mehr die kulturelle Tradition, die – auch nach UNESCO-Erkenntnissen – die Grundlage der Identität und des Selbstbewusstseins einer jeden Gesellschaft und ihrer Mitglieder bildet, den Stoff, der eine Gesellschaft zusammenhält, von der UNESCO auch »kulturelle Kohäsion« genannt. So verlieren wir immer mehr den Halt, den uns Gemeinschaft, Heimatgefühl und Tradition bieten können. Zur Kompensation suchen immer mehr Zeitgenossen regelmäßig einen Psychiater auf.

Der Kontrast zum Nahen Osten könnte nicht größer sein.

Nicht selten wird man im Nahen Osten zudem mit für Europäer und insbesondere Deutsche schockierenden Meinungen konfrontiert. Eine weit verbreitete Bewunderung, wenn nicht Ehrfurcht, die Deutschland entgegengebracht wird, bezieht sich sehr oft gerade auf jene 12 Jahre der deutschen Geschichte, die von den Deutschen selbst als ihr dunkelstes Kapitel empfunden werden. Was wir als verbrecherische kriegerische Eroberungen und als Genozid an den Juden bezeichnen, wird nicht selten als »mutig« oder »tapfer« wahrgenommen und mit einem Glorienschein umgeben. Das rührt unter anderem daher, dass diese Übeltaten eine Stoßrichtung gegen die zu jener Zeit im Nahen Osten vorherrschenden Kolonialmächte hatten, weshalb auch einige damalige religiöse und andere Führer aus dem Nahen Osten mit dem Hitler-Regime sympathisierten oder es gar unterstützen. Dies wirkt bis heute nach.

Einen weiteren Hintergrund dieser Auffassung der Geschichte bildet der gegenwärtige palästinensisch-israelische Konflikt. Es sollte deshalb nicht verwundern, wenn zahlreiche Migranten aus der Region – ausgesprochen oder unausgesprochen – sehr tief sitzende antisemitische und andere »Ideale« in sich tragen und nach Europa mitbringen.

Das relativ hohe Ansehen der Deutschen im Nahen Osten rührt zudem von ihrer traditionellen Wirtschaftskraft, insbesondere vom Prestige der von ihnen produzierten Waffen her. Natürlich wird auch insgesamt die Qualität der von Deutschland produzierten und exportierten Waren geschätzt, insofern zollen sie den heute oft als unzeitgemäß geltenden »deutschen Tugenden« wie Gründlichkeit, Genauigkeit, Zuverlässigkeit, Pünktlichkeit, Erfindergeist und Verantwortungsbewusstsein, die hierfür die Basis bilden, indirekt ihren Respekt. Sollte die Qualität der deutschen Waren einmal merklich nachlassen, kann sich das schnell auch auf die Haltung zu den Deutschen insgesamt auswirken.

Gleichzeitig erscheinen die Deutschen dort im persönlichen Auftreten zumeist als in unangenehmer Weise unverblümt und rational, wenig feinsinnig und sensibel, oft eher derb, wenn nicht gar unhöflich und unkultiviert. Schockierend wirkt im Nahen Osten vor allem das Unvermögen der meisten Deutschen zum belanglosen Plaudern (Smalltalk) und ihre Gewohnheit, ohne Umschweife auf das Ziel zuzusteuern. Daraus entsteht wiederum oft sogar ein gewisses Gefühl der Überlegenheit. Ein Ausdruck dafür ist die unter den nahöstlichen Migranten verbreitete, leicht herabwürdigende Bezeichnung der Deutschen als »Kartoffeln«.

Politische und andere Streiflichter

Die heutige Landkarte im Nahen Osten ist weitgehend das Ergebnis geheimer Absprachen zwischen Großbritannien und Frankreich im Jahre 1916 und deren sehr willkürlicher Grenzziehung zur Sicherung ihrer kolonialen Interessen und zur Aufteilung ihrer Einflusssphären auf diesem Teil des Territoriums des Osmanischen Reiches, dessen bevorstehender Zusammenbruch sich damals abzeichnete. Davon betroffen waren im Wesentlichen die Territorien der heutigen Staaten Ägypten, Irak, Israel, Jordanien, Kuwait, Libanon, Saudi-Arabien, Türkei sowie die palästinensischen Gebiete und der sich seitdem dort vollzogene konfliktreiche Verlauf der Geschichte.

Die Entwicklung Jordaniens und seine Rolle in Bezug auf Palästina

Das bereits 1946 in die Unabhängigkeit entlassene »Haschemitische Emirat Transjordanien« mit dynastischen Verwandtschaften nach Syrien und Irak, umfasste nur Territorien östlich des Jordan-Flusses, von dem es seinen Namen hat. 1950 wurde es in »Haschemitisches Königreich Jordanien« umbenannt, nunmehr unter Einschluss des Westjordanlandes und Ost-Jerusalems, der von der Arabischen Liga abgelehnt, von Großbritannien, Irak und Pakistan jedoch anerkannt wurde. Von 1953 bis 1999 wurde es von König Hussein I., dem Enkel des Staatsgründers regiert. Das Königshaus besitzt seine politische Basis in erster Linie in den politisch einflussreichen Beduinenstämmen Transjordaniens, woher es auch seine

stammesrechtliche Legitimation als direkter Nachfolger des Prophe-
ten Mohammed bezieht. Inzwischen besteht die Bevölkerung (2016:
9,46 Mio.[9]) jedoch zu mehr als 50 Prozent aus zumeist ehemaligen
Flüchtlingen aus Palästina. Diese verfügen insbesondere über wirtschaftlichen Einfluss. Im Unterschied zu anderen arabischen Ländern, die die »palästinensische Flüchtlingsproblematik« stets bewusst »offenhalten« wollten, hat es Jordanien den palästinensischen
Flüchtlingen früh erlaubt, die jordanische Staatsbürgerschaft zu erwerben.

König Husseins Haltung zur PLO war, in Abhängigkeit von der
jeweils aktuellen Situation sowie der Politik der jeweiligen palästinensischen Führung, deutlichen Wechseln unterworfen. Als die in
Jordanien anwesende militärische Guerilla der PLO (gemeinsam mit
den damaligen syrischen Machthabern) durch Unterminierung der
Staatsmacht die Existenz Jordaniens bedrohte, ging Hussein 1970
militärisch gegen sie vor (»Schwarzer September«) und vertrieb sie
aus dem Land. Später beteiligte sich diese Guerilla am Bürgerkrieg
im Libanon. 1974 erkannte er die PLO als einzige legitime Vertreterin des palästinensischen Volkes an. Zugleich setzte er sich andert-
halb Jahrzehnte für die Bildung einer jordanisch-palästinensischen
Konföderation unter Einschluss des Westufers des Jordans und Ost-
Jerusalems ein, eine Konstruktion, die möglicherweise den palästi-
nensisch-israelischen Konflikt bereits damals hätte lösen können, der
jedoch die allseitige Zustimmung versagt blieb. 1988 gab er dann
diese Idee, wie auch alle Ansprüche auf das Westjordanland endgültig auf. 1994 schloss er einen Friedensvertrag mit Israel, was zur Auf-
nahme diplomatischer Beziehungen zwischen beiden Ländern führte
(als einziges arabischen Land neben Ägypten). Jordanien verfolgt
seit Langem eine eindeutig pro-westliche, eher israelfreundliche

Politik und spielt in diesem Zusammenhang eine stabilisierende Rolle in der Region.

Ab 1965 war sein Bruder Hassan Ibn Talal Kronprinz. Ich hatte das besondere Glück, diesen faszinierenden und hochintelligenten Menschen, der einen toleranten Islam und den Ausgleich zwischen den Religionen propagiert und Präsident des »Club of Rome« war, persönlich kennenzulernen. Allerdings setzte König Hussein, kurz bevor er 1999 nach schwerer Krankheit starb, überraschend seinen ältesten Sohn Abdullah anstelle Prinz Hassans als seinen Nachfolger ein. Wie es heißt, sollen die USA ihn dazu überredet haben, und zwar während er sich zu einer langen Krebsbehandlung in Amerika aufhielt. Wie der als König Abdullah II. inthronisierte Sohn selbst berichtete, war er auf diese Aufgabe in keiner Weise vorbereitet worden und hatte nie im Leben damit gerechnet, König zu werden. Aus diesem Grund musste er zu Beginn besonders um Anerkennung ringen, sowohl bei den als Stützen des Königshauses geltenden beduinischen Stammesführern, im eigenen weitläufigen Königshaus (Hussein hatte vier Ehefrauen und zwölf Kinder) als auch im Volk allgemein. Zudem wurde ihm als »Makel« nachgesagt, dass er als Sohn einer Engländerin kein Hocharabisch spreche. Er hat sich dieser Aufgaben jedoch schnell und blendend entledigt. Seine sehr populäre, ursprünglich aus Palästina stammende Gattin Rania, die er 1993 ehelichte, war ihm dabei eine wirksame Unterstützung.

Der jordanische König kann sich zudem auf einen effizienten Sicherheitsapparat stützen, was ich während meines Aufenthaltes im Land, trotz meiner generellen Abneigung gegen solche Dienste, vor dem Hintergrund der überall unterschwellig lauernden Gefahr von terroristischen Akten auch für mich persönlich als beruhigend empfand. Tatsächlich hat es etwa vier Monate nach unserer endgültigen

Abreise aus Amman schwere Terroranschläge des jordanischen al-Quaida-Ablegers unter Führung von al-Sarkawi gegen drei Hotels gegeben, darunter war auch das in unmittelbarer Nähe des UNESCO-Büros befindliche »Days Inn«, wo meine Frau und ich vor unserer Abreise Ende Juni eine ganze Woche lang wohnten und in dem das UNESCO-Büro über viele Jahre zahlreiche Dienstreisende untergebracht hatte.

Daneben genießt das jordanische Königshaus die besondere Loyalität der Tscherkessen. Diese muslimische, jedoch nichtarabische Volksgruppe wanderte zum Ende des 19. und Beginn des 20. Jahrhunderts in Folge der kaukasischen Kriege ins Osmanische Reich ein, unter anderem nach Jordanien. Ihre heutige Zahl wird mit 40.000 bis 60.000 angegeben. Die Volksgruppe stammt aus dem russischen Nordkaukasus und lebt dort heute in drei autonomen Republiken (insgesamt etwa 700.000 Menschen), mehrheitlich in Karbadino-Balkarien, in Karatschai-Tscherkessien und in Adgeja. Daneben gibt es eine größere Diaspora in der Türkei (1,5 Mio.) und in Syrien (100.000), aber auch eine kleine kompakt lebende Gemeinde in Israel.

Tscherkessen galten von Beginn an als besonders königstreu und dabei als unabhängig von den arabischen Clans, ihren wechselnden Rivalitäten und gegenseitigen Raubzügen. Sie haben es wohl auch deshalb bis in hohe staatliche Positionen geschafft, wobei sie traditionell wichtige Stellen in den Streitkräften, Sicherheitsdiensten und der königlichen Leibgarde innehaben.

Die Tscherkessen gehörten zu den ersten, die in Amman mit dem Bau von Häusern begonnen haben, da die sich dort aufhaltenden Beduinen lieber in Zelten lebten und Mauern oft nicht ertragen konnten.

Sie haben auch die Landwirtschaft entwickelt. Nicht zuletzt haben sie einen Teil des bekannten Zuchtstalls von Kabardiner-Pferden mitgebracht. Wie uns der frühere Eigentümer des Gestüts berichtete, hat das Pferde-begeisterte Königshaus dieses aufgekauft und in den königlichen Araber-Stall integriert.

Im Parlament sind seit 2016 fünfzehn der 130 Sitze für Frauen, neun für Christen und drei für Tscherkessen und Tschetschenen reserviert. Die Mehrheit liegt bei den Vertretern der königstreuen Beduinen-Clans, die sich auch als (nichtprogrammatische) politischen Parteien formiert haben. Die oppositionelle »Islamistische Front« erhielt 2016 bei den Wahlen dagegen fünfzehn Sitze. Aufgrund eines Mindestalters für Abgeordnete von 30 Jahren ist die mehrheitlich junge Bevölkerung unterrepräsentiert. Wohl auch wegen des Fehlens programmatischer Parteien lag die durchschnittliche Wahlbeteiligung zuletzt nur bei 37 Prozent (in den königstreuen Beduinen-Wahlkreisen dagegen bei über 80 Prozent). Die Wirtschaftsleistung Jordaniens entspricht übrigens in etwa jener Tunesiens oder Aserbaidschans (91. Stelle unter 192 Ländern). Das Pro-Kopf-Bruttoinlandsprodukt von knapp 5,700 $ entspricht jenem Serbiens oder Südafrikas (95. Platz von 192 Ländern).

Der israelisch-jordanische Friedensvertrag von 1994 sichert Jordanien die Entnahme größerer Mengen Trinkwassers aus dem gemeinsamen Grenzfluss Jordan zu und hat somit zur Stabilisierung der Wasserversorgung des Landes beigetragen. Gleichzeitig entnimmt Israel größere Mengen Wasser für die Trinkwasserversorgung sowie die Landwirtschaft, sodass (lt. Wikipedia) am Ende von den ca. 1200 Millionen m³ Wasser des Jordan nur noch etwa ein Sechstel das Tote Meer erreicht. Von dem symbolträchtigen Fluss ist deshalb heute nur noch etwas mehr als ein Bach übrig. Gleichzeitig ist der

Wasserstand des Toten Meeres in den letzten Jahrzehnten dramatisch gesunken.

Daher leidet das Land trotz allem an einer chronischen Wasserknappheit. In Amman wird Wasser nur an ausgewählten Tagen in bestimmte Viertel über die Wasserleitung geliefert. Alle ärmeren Viertel in Amman erhalten in der Regel zweimal die Woche Wasser aus der Leitung, alle »besseren« Viertel nur einmal die Woche. Allerdings stellen die Einwohner in den begüterten Vierteln auf den Dächern der Häuser Zisternen auf, die ihren Besitzern bei vernünftigem Verbrauch eine ununterbrochene Entnahme aus der Hauswasserleitung bis zur nächsten Lieferung garantieren. In den ärmeren Vierteln könnten sich die Menschen solche teuren Zisternen nicht leisten und müssen deshalb mit den zwei Wochenlieferungen über die Runden kommen.

Unsere Haushaltshilfe konnte sich nicht im Traum vorstellen, dass es Länder gibt, wo ununterbrochen fließendes Wasser aus der Leitung zur Verfügung steht. Als sie erfuhr, dass neben Wasser auch Gas zum Kochen permanent über eine Leitung geliefert werden kann, wurde ihr Bild von der Welt gehörig durcheinandergewirbelt.

Chancen für die Demokratie im Nahen Osten?

Jordanien zählt bei alledem sicher mit zu den am demokratischsten regierten Ländern der Region, auch wenn letztendlich die familienorientierten Clans den Charakter der formal demokratischen Strukturen beherrschen.

Da eine Gesellschaft für die Übernahme demokratischer

Strukturen und Prozesse eine bestimmte Reife besitzen und eine gewisse Entwicklungsstufe erreicht haben muss – das zeigen auch die historischen Erfahrungen in Europa – kann die rein formale Übernahme westlicher demokratischer Strukturen unter den falschen gesellschaftlichen Voraussetzungen eher wieder weiter zurück in die Vergangenheit führen. Die Wahl eines Muslimbruders zum Präsidenten in Ägypten, nach der von der westlichen Presse fälschlicherweise »Arabischer Frühling« benannten Rebellion des Jahres 2010 in einigen arabischen Ländern, ist nur ein Beispiel für diesen Umstand. Die nach dem zweiten Irakkrieg von den USA im Irak eingeführte formaldemokratische Ordnung hat (mit Ausnahme der Kurden-Gebiete) im Wesentlichen dazu geführt, dass nun nicht mehr die sunnitische Minderheit im Irak der schiitischen Mehrheit ihren Willen aufzwingen konnte, sondern umgekehrt, mit dem Nebeneffekt, dass der Iran zusätzlichen Einfluss im Land gewann. Der ursprüngliche Erfolg der Terrororganisation »IS« in den sunnitischen Gebieten ist teilweise auf diesen Umstand zurückzuführen.

Im Übrigen hat der Irakkrieg wesentlich dazu beigetragen, den Glauben an das westliche Demokratieverständnis in der Region deutlich zu untergraben und deren Anhänger weitgehend verstummen zu lassen. Dies kann ich aus eigener Erfahrung bestätigen, da ich unmittelbar nach dem Irakkrieg in der Region gearbeitet habe. Die Gründe hierfür liegen sowohl im falsifizierten Kriegsgrund der USA (angeblicher Besitz von Massenvernichtungswaffen) wie auch in den zahlreichen negativen Kriegsfolgen (u. a. langjähriges Chaos im Land, humanitäre Katastrophe, Abbau von fortschrittlichen Errungenschaften im Bildungswesen, auf dem Gebiet der Gleichberechtigung von Mann und Frau etc.).

Übrigens haben die Iraker im und noch mehr nach dem Irakkrieg neben dem Terror am meisten darunter gelitten, dass über Jahre hinweg keine durchgängige Stromlieferung erfolgte und deshalb die Klimaanlagen nur selten funktionierten. Bei höchster Luftfeuchtigkeit und Temperaturen um die 50 Grad Celsius grenzt das an Folter. Damals haben die Iraker die alte Tradition wiederentdeckt, die Nacht auf den Dächern der Häuser zu verbringen.

Jordanien als Nachbar hat ganz besonders schwer an den Folgen des Irakkrieges tragen müssen, und zwar nicht nur wegen der vielen Flüchtlinge, die es aufgenommen hat. Aufgrund verwandtschaftlicher Beziehungen zum ehemaligen sunnitischen irakischen Herrscherhaus und, darauf aufbauend, bester Beziehungen auch mit Saddam Hussein, wurden Jordanien vom Irak über lange Zeit besondere Privilegien gewährt, die dem wirtschaftlich strukturschwachen Land eine große Hilfe waren. Vor allem lieferte der Irak Jordanien Erdöl zu besonders günstigen Konditionen, was damals Grundlage für das wirtschaftliche Wohlergehen des Landes war. Mit dem Krieg der USA gegen den Irak ging dieser enorme Vorteil plötzlich verloren. Das führte nicht nur zu Versorgungsengpässen, sondern zu einem strukturellen nationalen Haushaltsdefizit, zum Abbau von Subventionen für die Bevölkerung und Inflation. Heute hat das Land, auch wegen des Bevölkerungszuwachses, eine hohe Jugendarbeitslosigkeit. Darunter leidet inzwischen auch zunehmend die innenpolitische Stabilität des Landes.

Mein genereller Eindruck ist, dass eine kleine Elite in Jordanien sehr gut ausgebildet ist (oft in den USA oder Großbritannien) und durchaus modern denkt. Das Land macht, vor allem in Teilen der Hauptstadt und in Touristengegenden, äußerlich einen durchaus modernen Eindruck. Bei einer großen Mehrheit der Bevölkerung spürt man jedoch schnell einen tief sitzenden, wenn auch nicht übermäßig demonstrativ zu Schau getragenen Konservatismus.

Besonderheiten des staatlichen Aufbaus in den Clan-Gesellschaften

Insgesamt gesehen ist es wegen der weiter oben beschriebenen gesellschaftlichen Besonderheiten in der Region nicht allzu verwunderlich, dass viele Länder bis heute von mehr oder weniger despotischen oder eher »aufgeklärten« Alleinherrschern regiert werden, unter denen auch einige in direkten allgemeinen Wahlen vom Volk gewählte Präsidenten sind. Diese müssen oft – gerade in den auch wegen der willkürlichen französisch-britischen Grenzziehung von 1916 stark multireligiösen und multiethnischen Gesellschaften wie Syrien oder dem Irak – ein heikles Gleichgewicht von Interessen und Einfluss zwischen diesen Gruppen sowie zusätzlich zwischen einem moderat islamischen Teil der Bevölkerung und islamistischen Strömungen täglich neu austarieren. Es ist deshalb nicht überraschend, dass solche Gesellschaften oft schnell ins Chaos stürzen, wenn dieses Gleichgewicht – sei es durch Intervention von außen wie in Libyen, dem Irak oder Syrien, oder durch innere Unruhen, wie in Algerien, dem Libanon, Tunesien oder Ägypten nach dem Rücktritt von Mubarak – gestört wird. Aufgrund der Besonderheiten der Clan-Gesellschaften und nach uralter Sitte zieht dann sofort wieder jeder Clan mit häufig wechselnden Allianzen gegen jeden anderen ins Feld.

Damit sollen keinesfalls undemokratische Regimes gutgeredet werden. Es geht lediglich darum, das Verständnis um die Besonderheiten und besonderen Risiken der vor-modernen Gesellschaften zu stärken und zur rechtzeitigen Folgenabschätzung politischer Handlungen von außen aufzurufen, zur Behutsamkeit und Geduld im außenpolitischen Umgang mit diesen Gesellschaften. Zudem vergessen wir oft, dass beispielsweise auch die Präsidenten der USA oder Frankreichs über verfassungsmäßige Vollmachten verfügen, die zuweilen an Alleinherrscher erinnern. Die Verfassung der 5. Französischen Republik von 1958 wurde speziell auf die Person von General De Gaulle zugeschnitten und gewährt bis heute dem Präsidenten in Artikel 16 unter bestimmten Umständen quasi-diktatorische Macht.

Ein weiterer hemmender, wenn nicht destabilisierender Faktor dieser Gesellschaften ist die Schwäche ihrer staatlichen Institutionen, einschließlich der Ministerien. So bringt jeder neue Chef üblicherweise auch gleich »seine eigene Mannschaft« mit, denn auf die anderen, die bisherigen, könnte er sich kaum verlassen. Das zumindest in Teilen Europas inzwischen verbreitete Prinzip, dass der Beamte der Funktion zu dienen hat und nicht umgekehrt die Funktion ihm und seinem Clan, und dass er damit auch gegenüber Regierungen unterschiedlicher Couleur loyal zu handeln hat, ist in allen Ländern, die auf Stammesregeln basieren, wenn überhaupt, nur in ersten Ansätzen vorhanden. In der Regel bemüht man sich nicht um eine Funktion, um mit ihrer Hilfe etwas in der Gesellschaft zu gestalten. Neben dem anvisierten Prestigegewinn wird ein Amt in der Regel deshalb angestrebt, um für sich und seine Familie ausgesorgt zu haben und um seinem Clan zu dienen. Das ist es auch, was der Clan als Gegenleistungen für persönlichen Schutz und Unterstützung erwartet. Der Clan würde sich empören, wenn ein Clan-Mitglied nicht nach diesen Regeln handelte. Oft ist es dann nur ein kleiner Schritt zu quasi-mafiösen Strukturen.

Zudem sind in diesen Ländern oft nur die Minister und die anderen

Chefs selbst gut ausgebildet und effizient. Ihr Apparat ist hingegen oft von wenig kompetenten oder gar inhaltlich desinteressierten Personen durchsetzt, die dazu noch eher schlecht bezahlt werden. Die bürokratischen Prozeduren sind oft veraltet, überbordend und langwierig. Gleichzeitig herrscht oft eine Art Kommandostruktur, in der niemand sich traut, dem Vorgesetzten zu widersprechen oder gar bereit wäre, ohne direkten »Befehl« von oben Entscheidungen zu treffen, was aber nur auf Behörden zutrifft, denn anderswo wird ja wie erwähnt gerne mal Chef gespielt.

Als ein weiterer Faktor kommt hinzu, dass diese Länder erst eine historisch sehr kurze Zeit eigenverantwortliche Verwaltungserfahrung besitzen, eine Kompetenz, die sich nur sehr langsam herausbildet. Für die Modernisierungen fehlen oft die Mittel und Möglichkeiten, neben der nötigen Infrastruktur auch eine effiziente Aus- und Weiterbildung. Das ist zumindest meine Erfahrung. Hinzu kommt fehlende oder wenig ausgeprägte Gewaltenteilung.

Mir erzählte einmal ein Bekannter, dass in seinem nahöstlichen Land aus clan-politischen Gründen der Vertreter eines Beduinenstammes in eine hohe Funktion des Außenministeriums berufen wurde, für die er in keiner Weise qualifiziert war. Daraufhin passierte es, wohl wegen Untätigkeit oder aus Unwissenheit desselben, dass alle im Ausland tätigen Mitarbeiter über Monate kein Gehalt erhielten. Die Unterstellten des Verantwortlichen konnten oder wollten wohl nicht aktiv werden. Die im Ausland tätigen Mitarbeiter fühlten sich schon wegen der geografischen Entfernungen außerstande etwas zu tun. Irgendwann wurden die Gehaltszahlungen dann doch wieder aufgenommen und jeder war letztendlich zufrieden. Irgendwelche Folgen sind nicht bekannt.

Dieses Beispiel dürfte nicht untypisch sein.

Abu Dhabi

Den besonderen Fall eines »aufgeklärten« Alleinherrschers liefert uns Abu Dhabi, heute Teil der Vereinigten Arabischen Emirate (VAE). Das kleine Emirat lebte bis in die 60er-Jahre nur vom Perlen-tauchen, ein Wirtschaftszweig, der immer weniger einbrachte. Bis auf den Scheich lebte die Bevölkerung in Palmhütten. Es gab weder eine Schule noch eine Krankenstation. Nachdem Anfang der 60er-Jahre Öl in großem Umfang gefördert wurde, nutzte Scheich Zayid bin Sultan Al Nahyan von Abu Dhabi ab 1966 diesen Umstand für ein beispielloses Entwicklungsprogramm: Er wollte, dass jeder Ein-wohner des Emirats an den Öleinnahmen beteiligt wurde. Gleichzei-tig waren ihm jedoch die Risiken bewusst, seinen Landsleuten plötz-lich Geld in die Hand zu geben, da sie bis dahin weder Erfahrung im Umgang mit Geld noch irgendeine fachliche Ausbildung besaßen. Er entwickelte daher ein paternalistisches System, das den Zugang der Einwohner zum neuen Reichtum davon abhängig machte, wie jede Familie ihren Kindern eine relevante Ausbildung ermöglichte und diese für entsprechende Entwicklungsprojekte nutzbar machte. Der ursprünglich begrenzte Zugang zum Geld wurde dann nach und nach erweitert. Ohne dieses System hätten die Geldmittel von den uner-fahrenen Einheimischen leicht nutzlos verschleudert oder von fal-schen Ratgebern geplündert werden können. Der aus heutiger Sicht phänomenale Erfolg des Emirats innerhalb von nur 50 Jahren basiert wesentlich auf diesem vorsichtigen, von Besonnenheit bestimmten Vorgehen. Eine überhastete »Demokratisierung« des Zugangs zu den

Geldmitteln in den 70er-Jahren hätte wohl kaum zum gleichen Ergebnis geführt.

Heute scheint der Scheich von Oman seine Untertanen auf ähnliche Weise in die Moderne führen zu wollen. Es bleibt abzuwarten, in welchem Maße ihm das gelingen wird.

In Abu Dhabi verblüffte mich immer wieder, wie eng dort extrem konservative Regeln mit modernem Wissen und Praktiken zusammengehen. Während zum Beispiel die jungen Frauen in der Öffentlichkeit voll verschleiert in Erscheinung treten, bevölkern sie gleichzeitig die Universitäten des Landes und erwerben Wissen auf modernstem Niveau. Solche Widersprüche könnten möglicherweise in ein, zwei Generationen von der Bevölkerung infrage gestellt werden, insbesondere von den Frauen, wenn das politische System nicht »von oben« weiter modernisiert und für mehr demokratische Einflüsse von unten geöffnet wird. Zudem wird sich irgendwann die Frage der rechtlichen Situation der vielen Wanderarbeiter stellen. Viele Fragen wirft zudem die Beteiligung der VAE am weithin verschwiegenen Krieg im Jemen auf.

Syrien

Bis zur Destabilisierung Syriens durch ausländische Mächte galten das Land und seine Führung vor dem Hintergrund der Gesamtlage in der Region eher als aufgeklärt, moderat, tolerant, sozialistisch-liberal. Nicht nur die Hauptstadt machte einen relativ modernen, beinahe säkularen Eindruck, während die Religionen gleichzeitig sichtbar blieben. So durften vor allem auch ausländische Frauen die Umayyaden-Moschee in Damaskus nur mit einem »Abaja«, einem traditionellen Umhang, betreten, der vor Ort ausgeliehen werden konnte.

Ich hatte einmal ein sehr ausführliches, aufgeschlossenes Gespräch mit dem damaligen Bildungsminister des Landes in Anwesenheit von einigen Dutzend Amtsträgern, das eher spontan organisiert wurde und das bei mir einen ausgesprochen guten Eindruck hinterließ. Besonders interessant war jedoch die Begegnung mit einem Leiter der mittleren Ebene des syrischen Bildungsministeriums im Jahre 2005. Während eines Empfangs kamen wir darauf zu sprechen, dass er Ende der 80er-Jahre einen Studienplatz in Ost-Berlin bekommen hatte. Ihm war nach der Wiedervereinigung dann die Beendigung des bereits begonnenen Studiums von der Bundesrepublik zugestanden und formal garantiert worden. Daher war es ihm möglich, die Ereignisse im geteilten und danach wieder vereinigten Deutschland über fünf Jahre hinweg aus nächster Nähe und in allen Details zu verfolgen, dabei jedoch persönlich nicht betroffener und außenstehender Beobachter zu bleiben. Er meinte, dass ihn diese Erfahrung tief geprägt habe. Gleichzeitig drückte er in dem Gespräch, auch vor dem Hintergrund des Irakkrieges, seine Befürchtung aus, dass die geopolitischen Auswirkungen dieser Ereignisse sein Land und seine Region wohl bald einholen würden. Leider hat sich seine Prophezeiung in der denkbar schlechtesten Weise erfüllt.

Saudi-Arabien, Iran und der Westen

Eigenartigerweise ist das wohl selbst im Vergleich mit dem klerikal-erzkonservativ regierten Iran gesellschaftlich rückständigste und am despotischsten regierte Land der Region, nämlich Saudi-Arabien, der engste Verbündete des Westens. Dazu führt das Land derzeit noch einen in der westlichen Öffentlichkeit zumeist verschwiegenen Krieg gegen den Jemen, dem ärmsten und wirtschaftlich und sozial rückständigsten Land im Nahen Osten, der auch als Stellvertreterkrieg gegen den Iran betrachtet wird. So profiliert sich Saudi-Arabien immer mehr als Führungsmacht der sunnitischen Muslime mit dem Anspruch einer regionalen Ordnungsmacht und als Gegengewicht zum Iran. (Letzterer sieht sich als Schutz- und Führungsmacht der Schiiten und als Bollwerk gegen den Westen und Israel.) So unglaublich das klingen mag, hat doch die Politik der Eindämmung des Iran durch die USA und den Westen – vom Putsch 1953 bis zum Irakkrieg 2003 – zum genauen Gegenteil dessen geführt, was man eigentlich angestrebt hatte. In Wirklichkeit wurden über diesen Zeitraum hinweg Macht und Einfluss der Mullahs im Nahen Osten systematisch gestärkt. Man kann nur hoffen, dass die Region nicht auf einen religiös verbrämten militärischen Konflikt zwischen den beiden rivalisierenden Regionalmächten zusteuert, zumal Erinnerungen an die Zeit des 30-jährigen Krieges in Europa von 1618 bis 1648 wach werden.

Trotz blumiger Ankündigungen sieht es bisher von außen nur nach kosmetischen Reformen in Saudi-Arabien aus, die dazu noch durch außergerichtliche Verurteilungen und Enteignungen von Rivalen des neuen Kronprinzen und faktischen Machthabers Mohammad bin Salman (MBS) sowie durch Morde an Regimegegnern begleitet wurden. Aufgrund des drastischen Rückgangs der Einnahmen aus dem Ölgeschäft um zwei Drittel zwischen 2012 und 2018 und des Wirtschaftswachstums von zehn Prozent (2011) auf zwei Prozent (2018) lebt das Land derzeit weitgehend von seinen Rücklagen und ist deshalb zu Umstrukturierungen und Modernisierungen gezwungen, um seinen

Wohlstand auch in der Zukunft bewahren zu können. Tief greifende Veränderungen brauchen allerdings auch Zeit und man muss abwarten, wie ernst es den Herrschern mit den Reformen ist und welche Kräfte sich am Ende durchsetzen werden.

Ich habe 2012 einmal an der Anhörung und Auswahl von Kandidaten für eine Stelle im UNESCO-Hauptquartier in Paris teilgenommen. Unter den Bewerbern war auch eine äußerst intelligente und kompetente junge Frau aus Saudi-Arabien, so um die 30 Jahre alt. Sie hatte das Glück, liberal denkende Eltern zu besitzen, die ihr als alleinstehender Frau Studien und weitere Aufenthalte im westlichen Ausland erlaubten und finanzierten. Leider hatte sie bis dahin immer nur zeitlich begrenzte Verträge für eine berufliche Tätigkeit erhalten können. Wie die junge Dame in dem Bewerbungsgespräch berichtete, hatten ihre Eltern ihr kurz zuvor mitgeteilt, dass sie trotz guten Willens den gegenwärtigen Zustand aufgrund verschiedener Umstände nicht ewig garantieren könnten und sie zur Rückkehr nach Saudi-Arabien und dortigen Verheiratung auffordern müssten, wenn sie nicht bald für ihren Lebensunterhalt selbst sorgen könne. Ich wollte mir nicht ausmalen, was eine Realisierung dieser »Drohung« für sie persönlich und ihr weiteres Leben bedeutet hätte.

Der Libanon

Eine besondere Rolle nimmt im Nahen Osten der Libanon ein. Ich erinnere mich noch heute sehr gerne an die Reisen dorthin, die liebliche Landschaft, die uralten Kulturgüter und den in Beirut und Umgebung vorherrschenden liberalen Geist, der auch die geografische Lage, die Offenheit zum Meer und zur Welt sowie den Entdeckermut der phönizischen Vorfahren reflektierte. Seit dem Ende des Zweiten Weltkrieges unabhängig und mit einer demokratischen Verfassung sowie einem fein austarierten konfessionell-politischen System ausgestattet, war das Land lange Zeit ein Hort der Stabilität und Weltoffenheit, wenn nicht der Moderne in der Region. Inzwischen ist das Land aufgrund unterschiedlichster äußerer Einflüsse und innerer Veränderungen, darunter wegen eines 20 Jahre andauernden Bürgerkrieges von 1970 bis 1990 und seitdem regelmäßig aufflackernder Konflikte, permanent instabil und Spielball unterschiedlichster Kräfte, deren Interessen oft unvereinbar sind.

Zuweilen spiegeln sich derartige Gemengelagen zugespitzt in den kleinen Dingen des Alltags wider. Der populäre, 2005 bei einem Bombenattentat ermordete libanesische Premierminister Rafiq al-Hariri hatte um die Jahrtausendwende viel getan, um die wichtigsten sichtbaren Wunden des Bürgerkrieges zu beseitigen. Dazu hatte er eine beliebte Flaniermeile in Beirut wiederaufbauen lassen, an der sich über eine lange Strecke ein Restaurant auf dem Gehsteig an das andere reihte. Äußerlich unterschieden sich diese kaum voneinander. Auch uns gefiel die Atmosphäre der Flaniermeile und wir ließen uns ganz zufällig in einem der Restaurants nieder. Da wir natürlich den Wein des Landes probieren wollten, bestellten wir jeder ein Glas und wurden abgewiesen. Der Kellner teilte uns mit, dass der Besitzer dieses Restaurants ein Muslim sei und deshalb den Ausschank von Alkohol in seinem Etablissement untersagt habe. So entschieden wir, in das unmittelbar angrenzende Restaurant zu wechseln, wo wir einen wunderbaren Wein serviert bekamen. Uns wurde jedoch schnell klar, dass hier zwei Welten aufeinandertrafen und dass es wohl nicht immer so einfach war wie in unserem Falle, die Extreme konfliktfrei aneinander vorbeizusteuern. Später unternahmen wir noch eine kleine Rundreise. Während wir die Fahrt in die Berge rund um Beirut sowie nach Norden, wo wir u. a. das Internationale UNESCO-Zentrum für Humanwissenschaften (ICHS) in Byblos aufsuchen wollten, jederzeit angstfrei genossen haben, wurde uns beim Kurs nach Süden, trotz unseres bewussten Ankämpfens gegen irgendwelche Vorurteile, mehr und mehr mulmig zumute. Da wir es einfach nicht riskieren wollten, von irgendwelchen muslimischen Milizen angehalten zu werden, kehrten wir lieber vorzeitig ins quirlige Beirut zurück.

Israel, Palästina und ein kleines Wunder

Wie man auch immer zu einzelnen Aspekten der Politik Israels und seiner verschiedenen, eher links oder rechts dominierten Regierungen stehen mag, so kommt doch niemand an der Tatsache vorbei, dass es sich dabei heute um das wirtschaftlich am meisten entwickelte Land der Region handelt, ein Land, dessen Entwicklungsstand zur Staatsgründung noch jenem seiner Nachbarn ähnelte. Viele Araber sind allerdings der Meinung, dass diese rasante Entwicklung in erster Linie, wenn nicht ausschließlich, auf die ausländische Entwicklungshilfe, insbesondere jene der USA zurückzuführen sei.

Gleichzeitig ist Israel unbestreitbar auch das gesellschaftlich fortschrittlichste Land der Region, mit dem formal demokratischsten Staatsaufbau. Letzteres hat möglicherweise auch damit zu tun, dass ursprünglich die Mehrzahl der jüdischen Einwanderer aus Europa stammte und weitgehend an dessen progressive Traditionen angeknüpft haben. Seine demokratische Verfassung schließt auch die in Israel beheimateten und dort eingebürgerten Araber verschiedener Konfessionen nicht aus, deren Interessenvertretung (»Vereinte Liste«

dreier arabischer Parteien) bei einem Bevölkerungsanteil von ca. 20 Prozent zu den Wahlen 2015 dreizehn der 120 Sitze im Parlament errang, gegenüber der vorhergehenden Wahl zwei Sitze dazu gewinnen und den dritten Platz im Parteienspektrum einnehmen konnte. Dem steht jedoch entgegen, dass sich viele israelische Staatsbürger arabischer Herkunft im realen Leben bei Weitem nicht gleichberechtigt fühlen. Dies wird durch die Einführung des Nationalitätengesetzes im Juli 2018 leider nun auch juristisch untermauert.

Wann immer ich mich übrigens in Amman mit einem aus Palästina stammenden Mitarbeiter oder anderen Bekannten palästinensischer Herkunft unterhielt und sie fragte, wie sie denn die Perspektiven der Konfliktlösung zwischen Palästinensern und den Israelis sähen, wurde stets von mindestens weiteren 30 bis 50 Jahren Konflikt ausgegangen. Manche meiner Gesprächspartner glaubten überhaupt nicht an eine friedliche Lösung. Der Konflikt sei zu kompliziert und zu verfahren, die Ressentiments säßen zu tief, keine Seite sei zu schmerzhaften Kompromissen fähig, Blutrache sei auf palästinensischer Seite noch zu tief verwurzelt … Manche hofften auch darauf, dass die Palästinenser aufgrund ihres schnelleren Bevölkerungswachstums, eventuell verstärkt durch eine sich immer mehr objektiv aufdrängende Ein-Staaten-Lösung unter Integration der besetzten Gebiete, mit der Zeit wieder eine Mehrheit bilden und dadurch den jüdischen Charakter des israelischen Staates umkehren könnten. Letzteres ist wiederum der Albtraum der jüdischen Israelis, insbesondere angesichts fragwürdiger Entwicklungen wie im Gazastreifen, in Ägypten nach dem Sturz von Mubarak oder im Iran.

Überraschend für mich war, von beiden Seiten immer wieder zu hören, dass Palästinenser und Juden wie zerstrittene Cousins wären, mit zahlreichen Übereinstimmungen und gemeinsamen Wurzeln in ihrer religiösen Tradition und Kultur. Für den Außenstehenden fällt auf, dass insbesondere die Minderheit der orthodoxen Juden der Mehrheit der Muslime in ihren strengen Regeln und deren Ausübung im Alltag ganz und gar nicht unähnlich sind. Von der Mehrheit der liberalen Juden, die ein Produkt der europäischen Aufklärung und teilweisen Säkularisierung sind, kann man das jedoch kaum behaupten. Dabei muss man wohl auch unterscheiden zwischen israelischen Juden, die aus nordafrikanischen und westasiatischen Ländern stammen (oft Sephardim, d. h. aus dem mittelalterlichen Spanien Vertriebene, die sich in der Mehrzahl im Osmanischen Reich ansiedelten) und solchen nord- und osteuropäischer Herkunft (zumeist Ashkenazy). Während Lebensweise (und beispielsweise auch die Küche) der Ersteren jener ihrer orientalisch-arabischen Nachbarn ähnelt, sind Letztere stark von europäischen Traditionen geprägt. Liberale oder säkulare Juden rekrutieren sich daher auch hauptsächlich aus Ashkenazy. Offenbar gibt es auch im Wortschatz des Arabischen und Hebräischen nicht wenige Übereinstimmungen, was die oben genannte These ebenfalls stützt.

Bei aller möglichen »Verwandtschaft« ist mir ein entscheidender Unterschied zwischen Juden und Muslimen aufgefallen: Während der Islam (und nicht nur dieser) eine reine Religion des Glaubens darstellt (man kann auch sagen, des Dogmas in Form des Korans), besitzt die jüdische Religion (wohl als einzige in der Welt) neben dem Glaubensdogma in Form der schriftlichen Thora mit dem Talmud eine zweite, untrennbar damit verbundene, grundlegende und gleichberechtigte Säule, die die permanente Fragestellung, den Zweifel und die beständige Diskussion um die »Wahrheit« beinhaltet. Man kann auch sagen, dass Thora und Talmud sich wie Axiom und Theorem zueinander verhalten. Das im Talmud angewandte Prinzip der ständigen Wahrheitssuche vermittels Auseinandersetzung unterschiedlicher Meinungen bildet übrigens heute die Grundlage der modernen Wissenschaft. Damit stehen Glaube und selbstständiges Denken in der jüdischen Tradition gleichberechtigt nebeneinander. Ein Jude wächst daher unbewusst mit der Anforderung auf, selbstständig zu denken und zu handeln sowie sich mit einer Vielfalt an Meinungen auseinanderzusetzen. Dieser Umstand ist nicht nur von religiösem Interesse, sondern ist tief in die Alltagsmentalität eingedrungen und wirkt sich deshalb auf das Denken und Handeln der Menschen in allen Lebensbereichen aus. Möglicherweise ist hierin eine nicht unwesentliche Ursache vieler Missverständnisse zwischen Juden und Palästinensern in und um Israel zu suchen. Es liegt mir jedoch fern, hierüber zu spekulieren.

Die Zeit wird zeigen, ob beide Seiten letzten Endes dazu fähig sein werden, eine für alle langfristig tragbare, friedliche Lösung für den Nahostkonflikt zu finden.

Der Umweg über Soest in Westfalen

Ich möchte dagegen lieber aufzeigen, welche kleinen Schritte und Wunder möglich sind, wenn Visionen, Mut und guter Wille auf allen Seiten vorherrschen. Solche kleinen, mühsamen Schritte und Projekte können manchmal wie ein Stern in der Nacht den Weg aufzeigen und wie ein Licht der Hoffnung wirken, ohne die sich vielleicht oft nur noch gefährliche Verzweiflung Platz macht. Doch dazu muss ich etwas weiter ausholen.

Im Jahre 1993 organisierte ich im »Landesinstitut für Schule und Weiterbildung« in Soest zum 40. Jahrestag des UNESCO-Schulprojekts[10] ein Treffen von Vertretern der UNESCO-Projekt-Schulen[11] aus aller Welt, zu dem sich damals sogar der UNESCO-Generaldirektor Federico Mayor in die deutsche Provinz aufmachte. Aus Anlass dieses Ereignisses entschloss sich auch die neue Koordinatorin der israelischen UNESCO-Projekt-Schulen, persönlich anzureisen. Bisher hatte sie, als Kind von Opfern des Holocaust, es stets vermieden, einen Fuß auf deutschen Boden zu setzen. Wir hatten ursprünglich geglaubt, dass Probleme möglicherweise aus der Sitzordnung entstehen könnten, da das Alphabet die Vertreter Israels und Jordaniens nebeneinander platziert hatte. Das erwies sich jedoch als völlig unproblematisch, da die beiden Vertreter sich persönlich gut verstanden. Nun aber galt es, die israelische Kollegin davon zu überzeugen, dass sie in den sich in den UNESCO-Projekt-Schulen engagierenden Deutschen gute Mitstreiter für die Ziele der UNESCO und die Überwindung der Vergangenheit finden konnte. Ich verbrachte persönlich sehr viel Zeit mit Diskussionen über Vergangenheit und Gegenwart mit ihr. Zum Ende der Veranstaltung bekannte sie öffentlich, dass sie von der Veranstaltung und ihrem Geist überwältigt sei, und dankte den deutschen Gastgebern ausdrücklich dafür. Ihre Erlebnisse auf der Tagung und die Gespräche mit den anderen Teilnehmern hätten sie in dem Gedanken bestärkt, zu einer ähnlichen Veranstaltung in Israel einzuladen, um den schwierigen Einsatz ihrer israelischen Kollegen für die Ziele des UNESCO-Projekts zu erläutern und Erfolge wie Hindernisse ehrlich zu präsentieren. Gleichzeitig bat sie mich (als Deutschen!), auf der geplanten Veranstaltung die Einführungsrede zu halten.

Für die Verständigung zwischen allen Israelis

Drei Jahre später trafen wir uns dann zu der Tagung über Erziehung zum Frieden und zur Toleranz in Israel wieder. Sie machte uns dort als erstes mit einem Projekt bekannt, das ihr Leben verändert hatte. Sie arbeitete selbst in der Schule einer israelischen Kleinstadt, deren Bevölkerung fast ausschließlich jüdisch war. Zehn Autominuten von dort entfernt lag eine andere israelische Kleinstadt, die nahezu ausschließlich israelische Staatsbürger arabisch-muslimischer Herkunft als Einwohner hatte. Trotz der geografischen Nähe gab es keinerlei Kontakte zwischen den beiden Orten und Einwohnern, gerade so, als ob sie auf verschiedenen Planeten gelebt hätten.

Die Lehrer der Schule in der jüdischen Stadt, die sich den UNESCO-Idealen verpflichtet fühlten, empfanden dies als bedauerlich und nahmen sich vor, diese Situation zu ändern. Trotz ihrer Kenntnisse und Erfahrungen hätten sie sich jedoch nicht vorstellen können, wie mühsam und langwierig sich ihr Unterfangen gestalten würde.

Mit dem Einverständnis der Schüler und Elternvertreter nahmen sie einen ersten Kontakt mit der Schule in der arabischen Stadt auf. Ihr Ziel war es, letztendlich direkte Kontakte zwischen den Schülern anzubahnen, um sich überhaupt einmal kennenzulernen und vielleicht in der Zukunft an gemeinsamen Projekten in Sinne der UNESCO-Projekt-Schulen zu arbeiten. Aufgrund des enormen Misstrauens von arabisch-muslimischer Seite (auch seitens der Eltern, Muslim-Verbände und der Stadt) türmten sich unüberwindlich scheinende Hindernisse auf. Die Initiatoren ließen jedoch nicht von ihrem Traum einer schrittweisen besseren Verständigung ab und legten sagenhafte Geduld und Ausdauer an den Tag. Erst nach etwa zehn (!) Jahren fand dann endlich die erste persönliche Begegnung von Schülern beider Schulen und Städte statt. Ich persönlich kann vor einer solchen Leistung nur den Hut ziehen.

Die Organisatoren der UNESCO-Konferenz in Israel hatten sich ganz bewusst auch um Teilnehmer aus den besetzten palästinensischen Gebieten bemüht. Zu Beginn war die Situation beinahe kurios: Da zu dieser Zeit aufgrund eines Anschlags die Grenzen zu den besetzten Gebieten geschlossen waren, konnten offiziell eingeladene Teilnehmer erst nach Aufhebung der Blockade-Maßnahmen zwei Tage später zu uns stoßen. Gleichzeitig waren jedoch nach meiner Erinnerung mindestens zwei Palästinenser aus den besetzten Gebieten von Beginn an, wenn auch inoffiziell, anwesend: Einer war als Jordanier angereist, da er einen solchen Pass besaß, und ein anderer hatte sich heimlich den Weg zu uns gebahnt. Sie wurden in die Tagung aufgenommen und konnten sich an den Diskussionen sowie an Pausengesprächen beteiligen. Nach zwei Tagen normalisierte sich die Situation und andere Vertreter aus den besetzten Gebieten stießen zu uns. Unter ihnen waren auch der Generalsekretär des kurz davor gegründeten palästinensischen UNESCO-Komitees sowie sein Stellvertreter. So kam es bei dieser Gelegenheit zum ersten offiziellen Kontakt zwischen den nationalen UNESCO-Kommissionen Palästinas und Israels. Wir erlebten auf diese Weise tatsächlich hautnah die reale Situation im Land, so wie es uns unsere Gastgeberin versprochen hatte.

Eine Dienstreise nach Ramallah mit Folgen

Bei dieser Gelegenheit vereinbarte ich mit den beiden Vertretern des Palästinensischen UNESCO-Komitees, uns nach der Tagung in ihrem Büro in Ramallah zu treffen und Möglichkeiten der Zusammenarbeit zwischen ihnen und der deutschen UNESCO-Kommission zu erörtern. Ich selbst war damals stellvertretender Generalsekretär der deutschen UNESCO-Kommission in Bonn. Ich gestehe, dass ich mich sehr naiv verhielt, als ich mich auf einen Trip nach Ramallah einließ, das nur ein paar Kilometer von Jerusalem entfernt liegt und damals bereits Sitz der palästinensischen Autonomiebehörde war.

Ein paar Tage später machte ich mich, mit einem Mietwagen mit israelischem Nummernschild ausgestattet, von Jerusalem auf den Weg nach Ramallah. Die Mietwagenfirma hatte zwar darauf aufmerksam gemacht, dass die Versicherung für die palästinensischen Gebiete nicht gelte, aber ich sah aufgrund fehlender öffentlicher Verkehrsmittel keine Alternative. Mir war allerdings in diesem Moment nicht klar, dass ich im benachbarten Ramallah sofort identifiziert werden würde, da die palästinensische Autonomiebehörde dort ihre eigenen Nummernschilder ausgegeben hatte.

Der Grenzübertritt gestaltete sich einfach, ich wurde ohne Personenkontrollen durchgewunken. Hinter dem Checkpoint wurde mir jedoch plötzlich noch ein anderes fundamentales Problem bewusst, das ich nicht vorausgesehen hatte: Auf palästinensischer Seite waren alle Straßennamen und Hinweisschilder nur arabisch beschriftet und nicht auch in Englisch, wie auf israelischer Seite. Da nützten mir alle meine Sprachkenntnisse nichts mehr, denn die Schrift machte alles fremd und unerkenntlich für den, der des Arabischen nicht mächtig ist.

Nun blieb mir nichts anderes übrig, als nach meinem inneren Kompass weiterzufahren. Zum Glück hatte ich vor Antritt der Fahrt einen Blick auf die Karte geworfen. Die rief ich nun in meinem Gedächtnis wieder ab, während ich gleichzeitig auf den starken, in mehreren Spuren fahrenden Verkehr achten musste.

Kurze Zeit später wirkte die ganze Situation ein wenig gespenstisch auf mich, da es auf die Mittagszeit zuging, die Sonne ziemlich erbarmungslos vom Himmel brannte, sich kaum noch Menschen auf der Straße zeigten und ich von einer Geräuschwolke sehr lautstarker Muezzin-Rufe umhüllt war, die aus allen Richtungen auf mich einzuwirken schienen. Das war damals eine sehr ungewohnte Situation für mich.

An irgendeiner Stelle habe ich dann doch die Orientierung verloren. Mobiltelefone waren damals leider noch nicht verbreitet. Da entdeckte ich auf meiner Straßenseite eine Art Bar, vor der drei junge Männer saßen. Ich hielt an, da ich hoffte, von der Bar aus mit meinen Gastgebern telefonieren zu können. Als die drei jungen Männer auf den haltenden Wagen mit der israelischen Nummer aufmerksam wurden, kamen sie mit einer deutlich aggressiven Haltung auf mich zu. Um irgendwelchen Missverständnissen vorzubeugen, rief ich auf Englisch »Ich bin Deutscher«, worauf sich ihre Haltung glücklicherweise sofort grundlegend änderte. Sie halfen mir dann, von der Bar aus anzurufen. Dabei stellte sich heraus, dass ich meinem Ziel bereits sehr nahe war. Fünf Minuten später saß ich bereits meinen Gastgebern im Büro des palästinensischen UNESCO-Komitees gegenüber.

Auf der Rückfahrt fand ich glücklicherweise schnell und direkt meinen Weg zurück zum Checkpoint, wo ich neuerlich durchgewunken wurde, und weiter zu meinem Hotel.

Fragen zu meinem Trip kamen erst am Flughafen in Tel Aviv auf, als ich den Rückflug nach Deutschland antreten wollte. Die ehrliche Erwähnung meines Ausflugs nach Ramallah, auf die Frage nach den Gründen meiner Reise und meinen Aufenthaltsorten, zog eine sehr ausführliche und lange persönliche Befragung nach sich. Meinetwegen wurde sogar der Abflug des Flugzeuges hinausgezögert. Ich konnte allerdings alle Bedenken zerstreuen und wurde danach beschleunigt durch alle anderen Kontrollpunkte des Flughafens geschleust.

Eine kühne Vision und ein kleines Wunder

Während des Treffens im palästinensischen UNESCO-Komitee hatten meine Gastgeber den Abschluss eines formellen Kooperationsabkommens vorgeschlagen, dagegen plädierte ich für eine mehr punktuelle und praktisch orientierte Zusammenarbeit. Neben Kontakten am Rande von UNESCO-Tagungen und gegenseitigen Einladungen zu geplanten Veranstaltungen hatte ich – vorbehaltlich der Zustimmung der Israelis – empfohlen, im darauffolgenden Jahr (1997) ein deutsch-palästinensisch-israelisches Lehrer-Schüler-Camp im Rahmen des UNESCO-Schulprojekts zu organisieren. Mit der Durchführung und inhaltlichen Gestaltung solcher internationalen Lehrer-Schüler-Seminare hatten die deutsche UNESCO-Kommission (DUK) wie auch die deutschen UNESCO-Projekt-Schulen bereits zahlreiche Erfahrungen gesammelt, vor allem mit Polen. Die palästinensischen Partner fanden das überzeugend und stimmten dem zu.

Zurückgekehrt nach Bonn erhielt ich die Zustimmung und Unterstützung meiner Vorgesetzten für die Absprachen in Ramallah. Auch die israelischen Behörden, darunter die dem Bildungsministerium unterstellte nationale UNESCO-Kommission, zeigten sich offen für und interessiert an dem Lehrer-Schüler-Camp. Die internationale Koordinatorin des UNESCO-Schulprojekts am Sitz der UNESCO in Paris drückte sofort ihre Begeisterung für das Vorhaben aus und sagte allseitige Unterstützung zu. Nicht zuletzt zeigten sich die deutschen Lehrer, denen aufgrund ihrer Erfahrungen die konkrete Organisation und Ausgestaltung des Sommer-Seminars angetragen werden sollte, positiv herausgefordert und geehrt. Der Rahmen der UNESCO als einer neutralen internationalen Plattform für Frieden, Verständigung und Zusammenarbeit bildete dabei die Basis für die dreiseitige Vereinbarung zur Durchführung des Camps, sonst wäre wohl alles von Beginn an zum Scheitern verurteilt gewesen.

Im Übrigen stand eher unausgesprochen im Raum, dass das Lehrer-Schüler-Seminar nicht nur auf neutralem deutschen Boden, sondern auch in Israel oder sogar in den palästinensischen Gebieten stattfinden könnte und sollte. Dies war damals ein geradezu utopischer Gedanke, denn vor allem für die Palästinenser schien es undenkbar, sich mit den Schülern und Lehrern ins »israelische Kernland« zu begeben. Für Israel bestand das Problem darin, dass (wohl aus Angst vor Entführungen oder Anschlägen) zu diesem Zeitpunkt ein generelles Verbot für Schüler mit israelischer Staatsbürgerschaft bestand, als solche den Boden der palästinensisch verwalteten Gebiete zu betreten. Eine für die Durchführung des Lehrer-Schüler-Seminars in den palästinensischen Gebieten erforderliche Ausnahmeregelung bedurfte einer Entscheidung auf allerhöchster Regierungsebene in Israel. Aber vorerst war dies eine reine Utopie.

Wir begannen mit der konkreten Planung des ersten dreiseitigen Lehrer-Schüler-Camps Ende Juni 1996, reichlich ein Jahr, bevor es tatsächlich stattfinden sollte. Uns blieb also genügend Zeit für eine gründliche Vorbereitung und Absprache aller Details. Dabei liefen alle offiziellen und inoffiziellen Kontakte und Ausarbeitungen mit den Israelis und den Palästinensern über meinen Tisch.

Wie die israelischen Kollegen bei dem erwähnten Projekt zum Kontakt zwischen den zwei Städten und Schulen, hatte auch ich, trotz aller Sorgfalt und gesunder Skepsis die Schwierigkeiten unterschätzt.

Es schien mir bald, dass generell jeder noch so kleine Vorfall zwischen der israelischen Regierung und der Verwaltung der palästinensischen Gebiete vor Ort sofortige Auswirkungen auf unser Vorhaben hatte. So erhielt ich manchmal täglich Anrufe von den Palästinensern, dass sie aufgrund eines Zwischenfalls oder israelischen Vorgehens, das erst einmal überhaupt nichts mit uns oder unserem Arbeitsbereich zu tun hatte, die Zusammenarbeit zum Projekt sofort stoppten. Unser Projekt wurde demnach von ihnen als so grundlegend politisch angesehen, dass sie es auch als Hebel in den israelisch-palästinensischen Beziehungen als solche einsetzten. Uns war dagegen daran gelegen, die große Politik soweit wie möglich herauszuhalten und mit unserem Projekt ein kleines Beispiel zu geben, dass Schüler und Lehrer friedlich zusammenkommen, offen streiten und gleichzeitig für gemeinsame Ziele zusammenarbeiten können, ohne die Konflikte, Meinungsverschiedenheiten oder unterschiedlichen Sichtweisen zu verdecken. Bei jedem der Anrufe blieb mir jedoch nichts anderes übrig, als die israelische Seite über das Vorgehen der Palästinenser zu informieren und sie zu bitten, möglicherweise die Situation vor Ort zu entschärfen. Tatsächlich folgte darauf regelmäßig ein neuer Anruf der Palästinenser mit der Mitteilung, dass sie nun wieder bereit wären, die gemeinsamen Vorbereitungen am Lehrer-Schüler-Seminar fortzusetzen.

So ging das viele Monate lang. Aber bei allen Zwischenstopps und unerwarteten Problemen schien es letztendlich doch voranzugehen. Und es geschah ein kleines Wunder: Das Seminar fand im August 1997 tatsächlich statt, und zwar sowohl in Israel (Givat Haviva) als auch in Palästina (Bethlehem). Der gute Wille hatte auf allen Seiten überwogen und die Kühnheit unserer Vision hatte alle überzeugt. Wenn auch die israelischen Teilnehmer bei diesem Treffen noch nicht an der Veranstaltung in Betlehem teilnehmen durften, so konnte dieser letzte Durchbruch 1999 beim dritten Seminar, das gänzlich in Palästina (Beit Jala) stattfand, erzielt werden. Im Jahr dazwischen trafen sich die Teilnehmer aus drei Ländern in Nürnberg.

Zum Erfolg der Treffen trug bei, dass die Teilnehmergruppen selbst nicht homogen waren: unter den Israelis waren Juden wie Araber, unter den Palästinensern Muslime wie Christen und die deutschen Teilnehmer kamen aus Ost und West. Zudem zielte das Konzept auf konkrete Themen und Bedürfnisse und keinesfalls auf rein symbolische Akte ab. So diskutierten die Teilnehmer beispielsweise über das »Recht des Andersdenkenden«. Ein Vortrag über die Umweltprobleme im Bereich des Jordantals und des Toten Meeres inspirierte die Teilnehmer, Möglichkeiten auszuloten, diese gemeinsam anzugehen.

Die Zeitschrift der deutschen UNESCO-Kommission »UNESCO heute« (Nr. 4/1997, Seite 17) dokumentierte folgende Meinungen von Beteiligten zu dem Treffen:

»Wir müssen versuchen, uns persönlich näher zu kommen und Stereotype nicht zu beachten. Das Camp in Givat Haviva gab uns die Möglichkeit, in ruhiger und friedlicher Atmosphäre über unsere unterschiedlichen Ansichten zu diskutieren.«

(Koordinatorin der israelischen UNESCO-Projekt-Schulen)

»Ich würde mir wünschen, dass Politiker hierherkommen könnten und von uns lernen.«

(arabisch-israelischer Schüler)

»Wir stimmen alle darin überein, dass der Friedensprozess unge-achtet aller Hindernisse weitergehen muss; wir sind die Politiker von morgen.«

(Teilnehmer aus Palästina)

Beim vorerst letzten Seminar in Ulm (2003) wurde das Camp durch Teilnehmer aus Jordanien, Griechenland, Großbritannien und Zypern erweitert.

Da ich ab Januar 1998 zum Direktor des UNESCO-Büros in Mos-kau ernannt wurde, musste ich die Sorge für dieses Projekt an meine Kollegen in der deutschen UNESCO-Kommission weitergeben. Im Juli 1998 traf ich auf einer UNESCO-Tagung in Köln die Protagonis-ten desselben aus Israel und Palästina wieder. Es war ein sehr bewe-gender Moment für mich, als sowohl die Israelis wie auch die Paläs-tinenser auf mich zukamen und sich in aller Öffentlichkeit bei mir überschwänglich für diese Initiative bedankten. Keiner von ihnen hatte anfangs die tatsächliche Umsetzung des Projekts für möglich gehalten, zumal seit 1996 erstmals eine konservativ geführte Regie-rungskoalition unter Benjamin Netanyahu in Israel an die Macht ge-kommen war. Die linken Israelis hatten deshalb eine drastische Ein-schränkung derartiger Aktivitäten befürchtet.

Dieses Beispiel, wie auch das zwischen den beiden israelischen Kleinstädten, zeigt, dass man in den Anstrengungen für die friedliche Lösung von Konflikten und für gegenseitige Verständigung niemals nachlassen darf und gleichzeitig unendlich viel Geduld aufbringen muss. Im Übrigen sind wir direkten Protagonisten der Camps in den UNESCO-Kommissionen der drei Partner seit dieser gemeinsamen Unternehmung Freunde geworden und geblieben.

Leider haben sich die Rahmenbedingungen in den Jahren danach nicht mehr so positiv entwickelt. Als ich Ende 2004 in Israel weilte, hatte ich ein sehr langes Gespräch mit der erwähnten Koordinatorin der israelischen UNESCO-Projekt-Schulen. Damals wirkte sie sehr pessimistisch, jedoch nicht nur wegen der sich verschlechternden politischen Rahmenbedingungen. Sie berichtete, dass selbst sehr gutwillige linke israelische Aktivisten durch eine zusehends weniger tolerante Haltung vieler Araber, selbst ihnen persönlich gegenüber, nach und nach entmutigt würden. Dabei ging es oft um scheinbar banale Dinge. Sie nannte als Beispiel, dass sie arabischen Schülern freiwillig und kostenlos zusätzlichen Sprachunterricht erteilte. Anstatt ihr dies zu danken, begannen die Eltern der Schüler ihre Rocklänge zu bemängeln. Unter solchen Umständen kann selbst bei den größten Enthusiasten die Geduld irgendwann zeitweise nachlassen. Aber ganz aufgeben sollte man nie.

SESAME – das wissenschaftlich-politische Modellprojekt

Besser steht es um ein anderes regionales UNESCO-Projekt, an dem ich während meiner Zeit in Amman aktiv mitwirken durfte, genannt »SESAME«[12]. Es handelt hierbei sich um den ersten Teilchenbeschleuniger (Synchrotron) für den Nahen Osten, an dem neben Israel und Palästina eine Reihe weiterer wichtiger Länder der Region als Mitglieder beteiligt sind.[13] Das visionäre Projekt, nach dem Modell des CERN in Genf gestaltet, wurde von der UNESCO seit den 90er-Jahren bis zu seiner offiziellen Eröffnung in Allan (Jordanien) im Mai 2017 über 20 Jahre geleitet und unter seinen Mitgliedern moderiert. Die Ziele des Vorhabens sind zum einen, Forschung einer internationalen Gemeinschaft von Wissenschaftlern auf höchstem Niveau zu ermöglichen, und zwar auf Gebieten wie Biologie, Medizin, Chemie, Physik, Materialwissenschaften oder Archäologie, und zum anderen wissenschaftliche und kulturelle Brücken zwischen den sehr unterschiedlichen Ländern der Region zu bauen und durch wissenschaftliche Zusammenarbeit zu gegenseitiger Verständigung und Toleranz beizutragen. Die technische Grundausrüstung für das Synchrotron stammt übrigens aus Deutschland, das seinen zur Vergrößerung anstehenden Speicherring »BESSY« zur Verfügung stellte.

Für mich war es faszinierend mit eigenen Augen zu beobachten, wie in den Sitzungen des SESAME-Rates die Vertreter von Ländern, die sich im politischen Bereich unversöhnlich zeigen, hier bereit und tatsächlich in der Lage waren, ihre Unterschiede, wenn nicht gar Feindschaften, zurückzustellen und sehr konstruktiv und praktisch zusammenzuarbeiten. Nur auf dieser Basis und durch die Vermittlung der UNESCO wurde es möglich, dieser außerordentlich ambitionierten Vision nach und nach reale Gestalt zu geben, sei es in der juristischen Ausformung der SESAME als eigenständige internationale Organisation und ihrer Finanzierung durch die interessierten Länder, mit dem Bau des Gebäudes, durch die Montage der Technik oder die Formierung des Teams der gemeinsamen Verwaltung und wissenschaftlichen Arbeit.

Beide Projekte beweisen, dass auf realen Interessen der Partner basierende Visionen, viel guter Wille, gegenseitiger Respekt und eine Engelsgeduld wahrlich auch heute noch Berge versetzen können. Ergo: Es ist immer lohnenswert, solche Wege der friedlichen Konfliktlösung auszuloten und die dafür notwendigen Eigenschaften aufzubringen.

Anstelle eines Nachwortes

Anstelle eines Nachwortes möchte ich hier einige Stellen aus dem letzten Kapitel des kürzlich auf Deutsch erschienenen Buches von Steven Pinker: «Gewalt. Eine neue Geschichte der Menschheit»[14] zitieren. Die Auszüge sprechen für sich und bedürfen meines Erachtens keiner weiteren Erklärung:

«Die Rolltreppe der Vernunft ...

In diesem Buch haben wir immer wieder erfahren, welche nützlichen Folgen es hat, wenn man die Vernunft auf die Angelegenheiten der Menschen anwendet. Zu verschiedenen historischen Zeitpunkten entfielen Tötungen aus Aberglauben, beispielsweise Menschenopfer, Hexenjagd, Blutbeschuldigungen, Inquisition und die Suche nach ethnischen Sündenböcken, weil die Tatsachenvermutungen, auf denen sie beruhten, der genauen Prüfung einer geistig höher entwickelten Bevölkerung nicht mehr standhielten ... Sorgfältig durchdachte Widersprüche gegen Sklaverei, Despotismus, Folter, religiöse Verfolgung, Grausamkeit gegen Tiere, Härte gegen Kinder, Gewalt gegen Frauen, leichtfertige Kriege und die Verfolgung Homosexueller waren nicht nur heiße Luft, sondern sie flossen in die Entscheidungen der Menschen und Institutionen ein, die sich mit den Argumenten befassten und Reformen umsetzten ...

Natürlich ist es nicht immer einfach, Mitgefühl von Vernunft, Herz von Kopf zu unterscheiden. Aber Empathie hat mit ihrer Zuneigung zu Menschen, die wie wir sind und uns nahestehen, nur eine begrenzte Reichweite; deshalb liegt die Vermutung nahe, dass der verallgemeinernde Schub der Vernunft hinzukommen muss, damit in Handlungsweisen und Normen ein Wandel einsetzt, durch den sich die Gewalt in der Welt tatsächlich vermindert ... Dieser Wandel umfasst nicht nur das juristische Verbot von Gewalttaten, sondern auch eine Gestaltung der Institutionen, durch die sich die Versuchung, Gewalt auszuüben, verringert. ...

Eine weiter gefasste, allerdings auch mit vielen Rückschlägen, Umkehrungen und Verweigerungshaltungen verbundene Auswirkung der Vernunft-Rolltreppe ist eine Bewegung, die von Stammesdenken, Autoritätshörigkeit und der Reinheit moralischer Systeme in Richtung von Humanismus, klassischem Liberalismus, Selbstbestimmung und Menschenrechten führt ... Ein humanistisches Wertesystem, das dem Gedeihen der Menschen die Stellung des höchsten Gutes einräumt, ist ein Produkt der Vernunft, weil es sich rechtfertigen lässt: Auf ein solches System kann sich jede Gemeinschaft denkender Menschen einigen, die ihren eigenen Interessen einen hohen Wert beimessen und in vernünftige Verhandlungen eintreten; gemeinschaftsbezogene oder autoritäre Werte dagegen sind auf einen Stamm oder eine Hierarchie beschränkt ...

Wenn ... Redefreiheit die Möglichkeit schafft, dass die Diskussion in jede beliebige Richtung geht, und wenn man die gescheiterten Experimente der Geschichte durchleuchtet, spricht alles dafür, dass Wertsysteme sich in Richtung eines liberalen Humanismus entwickeln ... Die Ausnahme, die die Regel bestätigt, sind Gesellschaften, denen es an Ideen aus der übrigen Welt mangelt und die wegen der staatlichen und religiösen Unterdrückung der Presse einen Maulkorb tragen. Dies sind gleichzeitig auch die Gesellschaften, die sich am hartnäckigsten gegen den Humanismus stellen und an ihren von Stammesdenken geprägten, autoritären und religiösen Ideologien festhalten ... Aber selbst solche Gesellschaften werden wahrscheinlich nicht in der Lage sein, sich den befreienden Strömungen der neuen, elektronischen Gelehrtenrepublik für alle Zeiten zu widersetzen.

Die Metapher der Rolltreppe mit ihrer Aussage, dass dem zufälligen Weg der ideologischen Moden eine Richtung überlagert ist, mag selektiv, gegenwartsorientiert und historisch naiv erscheinen. ... wir (haben jedoch) Korrelationen sowie hin und wieder sogar eine Kausalbeziehung zwischen einer gut entwickelten Fähigkeit zum vernünftigen Denken und einer Aufgeschlossenheit gegenüber Kooperation, Demokratie, klassischem Liberalismus und Gewaltlosigkeit kennengelernt ...

Die Kräfte der Moderne – Vernunft, Wissenschaft, Humanismus, individuelle Rechte – haben natürlich nicht stetig nur in eine Richtung gezielt; sie werden auch nie in ein Utopia führen oder die Reibungen und Verwundungen beenden, die mit dem Menschsein einhergehen. Aber zu allen Nutzeffekten, die uns die Moderne bei Gesundheit, Erfahrung und Wissen gebracht hat, können wir ihre Rolle bei der Verminderung der Gewalt hinzunehmen.»

Danksagung

Hiermit bedanke ich mich bei allen, die direkt oder indirekt zu diesem Projekt beigetragen haben, insbesondere meiner Frau Elena für ihre unentbehrliche Begleitung in den Nahen Osten, ihren steten Zuspruch (während unseres Aufenthalts vor Ort sowie für das Projekt dieses Buches), für ihre Beiträge aus der Erinnerung und für die mehrfache Durchsicht der Texte.

Meiner Tochter Susanne für die sehr wertvolle Ermutigung, kritische Begleitung sowie intensive Durchsicht der Texte und die Korrektur des Manuskripts.

Meiner ehemaligen Kollegin Kristina Zillich für ihre sehr wichtige Ermunterung und Unterstützung durch mehrfache kritische Durchsicht der Manuskripte und ihre sehr wertvollen Anregungen, Hinweise und Korrekturen.

Meiner ehemaligen Kollegin Annegret Petschat-Martens für die Zuarbeit aus dem Archiv der deutschen UNESCO-Kommission zu den deutsch-israelisch-palästinensischen Lehrer-Schüler-Seminaren.

All jenen Freunden und Kollegen im Nahen Osten und darüber hinaus, die mir Einblick in ihre Gesellschaft und ihr Leben gewährt haben und die teilweise bis heute den Kontakt halten.

Nicht zuletzt Herrn Aidar Raschidowitsch Aganin für die zahllosen inspirierenden Diskussionen über den Nahen Osten sowie für seine weithin anerkannten wissenschaftlichen und populären Bücher, allen voran seine wissenschaftliche Arbeit über die »Stämme und Clans im Haschemitischen Königreich Jordanien« (russisch, Moskau 2013, ISBN 978-5-89394-246-0, Erstausgabe 2003), die grundlegendes Material für das Kapitel »Die Clan-Gesellschaft« lieferte.

[1] Der Zufall wollte es, dass ich einige Jahre später in Mittelamerika einem weithin anerkannten lateinamerikanischen Geostrategen begegnete, der mir ebenfalls davon berichtete, von offiziellen Stellen der USA zu den Modalitäten eines Krieges gegen den Irak konsultiert worden zu sein. Er hatte in gleicher Weise vor den danach tatsächlich eingetretenen Folgen gewarnt, war aber ebenfalls ignoriert worden.

[2] Wie in dem Buch von M. A. Fahim »From Rags to Riches. The Story of Abu Dhabi« (Deutsch etwa: Aus Habenichtsen werden Geldsäcke. Die Geschichte Abu Dhabis) berichtet wird, gab es bis in die 1960er-Jahre dort nur ein einziges Haus aus Stein – das des Clan-Chefs – und die einzige Schule bestand im regelmäßigen Zusammentreffen einiger weniger Kinder mit einer Art Religionslehrer unter einer Palme zum Auswendiglernen des Korans.

[3] Churchill, W. (1956). Geschichte : 1 : Die Geburt Britanniens. Bern, Wien [u.a.]: Scherz.

[4] http://cinema.mosfilm.ru/films/film/1960-1969/kavkazskaya-plennitsa-ili-novie-priklyucheniya-shurika/

[5] International Dialogue in the Europe-Mediterranean: The Foundation of Peace and Security, 6-7 December 2003 Amman, Jordan (Veranstalter: North-South Centre of the Council of Europe und Jordan Institute of Diplomacy.

[6] Deutsch: »Der zerrissene Schleier: Mein Leben in Saudi-Arabien«, Droemer/Knaur (2003)

[7] Nach dem Ende des sogenannten Zweiten Irakkrieges (20. März bis 3. Mai 2003) und nach dem Bombenanschlag gegen das UNO-Gebäude in Bagdad am 19. August 2003 wurde im Februar 2004 ein gesondertes UNESCO-Büro für den Irak etabliert, das wegen der schlechten Sicherheitslage im Irak in der jordanischen Hauptstadt Amman tätig war und von mir parallel zum UNESCO-Büro für Jordanien geleitet wurde.

[8] Deutsch etwa: Koordinator der Vereinten Nationen für ein Land, in dem er auch seinen Amtssitz hat.

[9] 1960: 0,93 Mio. Einwohner, 2005: 5,71 Mio. Einwohner. Quelle: https://www.laenderdaten.info/Asien/Jordanien/bevoelkerungswachstum.php

[10] In Deutschland üblicher Begriff für: »UNESCO Associated Schools Project« (zu deutsch etwa: UNESCO-Projekt der Assoziierten Schulen)

[11] In Deutschland üblicher Begriff für: »UNESCO Associated School« (zu deutsch

etwa: Assoziierte UNESCO-Schule)

[12] Synchrotron-light for Experimental Science and Applications in the Middle East. Zu deutsch: Leicht-Synchrotron für experimentelle Wissenschaft und Anwendungen im Nahen Osten.

[13] Derzeitige Mitglieder (2018): Ägypten, Iran, Israel, Jordanien, Pakistan, Palästina, Türkei, Zypern. Offizielle Beobachter (2017): Brasilien, China, Deutschland, Europäische Organisation für Nuklearforschung (CERN), Europäische Union (EU), Frankreich, Griechenland, Italien, Japan, Kanada, Kuwait, Portugal, Russland, Spanien, Schweden, Schweiz, Großbritannien, USA.

[14] Pinker, Steven. Gewalt: Eine neue Geschichte der Menschheit (German Edition) (Kindle-Positionen 19728-19847). FISCHER E-Books. Kindle-Version.

Zeitfracht Medien GmbH
Ferdinand-Jühlke-Straße 7
99095 Erfurt, Deutschland
produktsicherheit@kolibri360.de